CHIEN
LUNATIQUE

Vire-sur-Lot

Le but d'une classe dirigeante est bien de convaincre "le peuple" de son incompétence : la chose publique doit être gérée par des gens formés à cette pratique, un clan ; peu importe l'étiquette pourvu que perdure les valeurs essentielles du pouvoir, l'oligarchie. Vous n'êtes pas sérieux ! Une candidature invisible, d'un chien de la République.

Candidat de la ruralité réelle
aux présidentielles 2017...
Impossible ? Je le suis...

Du même auteur*

Certaines œuvres sont connues sous différents titres.

Romans

Quand les familles sans toit sont entrées dans les maisons fermées
Le Roman de la Révolution Numérique
La Faute à Souchon (Le roman du show-biz et de la sagesse)
Liberté j'ignorais tant de Toi (Libertés d'avant l'an 2000)
Viré, viré, viré, même viré du Rmi !
Ils ne sont pas intervenus (Peut-être un roman autobiographique)

Théâtre

Les secrets de maître Pierre, notaire de campagne
Ça magouille aux assurances
Chanteur, écrivain : même cirque
Deux sœurs et un contrôle fiscal
Aventures d'écrivains régionaux
Avant les élections présidentielles
Scènes de campagne, scènes du Quercy
Blaise Pascal serait webmaster
La fille aux 200 doudous (pour troupes d'enfants)
Le petit empereur veut fusionner les villages

Essais

Les villages doivent disparaître !
La sacem ? Une oligarchie
Le manifeste de l'auto-édition
François Fillon, persuadé qu'il aurait battu François Hollande en 2012, qu'il le battra en 2017 (octobre 2012)
Comment devenir écrivain ? Être écrivain !
Le guide de l'auto-édition, papier et numérique
Ce François Hollande qui peut encore gagner le 6 mai 2012 ne le mérite pas

* extrait du catalogue, voir www.ternoise.net

Stéphane Ternoise

Candidat de la ruralité réelle aux présidentielles 2017... Impossible ? Je le suis...

Jean-Luc Petit éditeur - Collection Politique

Stéphane Ternoise candidat :

http://www.candidat.info

Tout simplement et logiquement !

Site officiel : http://www.ecrivain.pro

Être candidat, c'est combler un vide, un vide condamné, si je m'abstenais, à rester invisible pour les chroniqueurs officiels de cette présidentielle.

Qui se soucie de la ruralité ? Un ministre s'occupe de nous, alors de quoi nous plaignons-nous !

Être candidat, c'est probablement rester invisible, déclaré "non crédible". Être ou ne pas l'être ? Bientôt nous ne serons plus si nous les laissons penser pour nous ! Nous serons "rattachés"...

Pigeonnier Entrée Cahors Nord

« Je n'ai d'estime que pour ceux qui me résistent, mais je ne peux pas les supporter. »
Charles de Gaulle

« Je veux n'être jamais lié à un parti politique, quel qu'il soit, à aucune religion, à aucune secte, à aucune école. »
Guy de Maupassant, lettre à Catulle Mendès en 1876.

« *Comment imaginer que la réponse aux problèmes que rencontrent nos communes puisse être la suppression de ces mêmes communes ?* »
Jean-Pierre Bosino, au Sénat. Séance du 15 décembre 2014.

« *Si l'honnêteté règne dans le pays, un homme peut être audacieux dans ses actes et dans ses paroles mais si l'honnêteté n'existe plus, on sera audacieux dans les actes mais prudent dans les paroles.* »
Confucius.
Quelques années avant Bernard Tapie, Jérôme Cahuzac, and coe.

« Quand j'eus enfin compris que, dans l'état du système et par rapport à lui, j'étais moins qu'une merde, je devins pour de bon parfaitement heureux. (...) Certes oui, l'art c'est bien beau, objectait-on en bonne logique, mais il faut travailler pour vivre, et alors vous vous apercevez qu'on est trop fatigué pour penser encore à l'art. »
Henry Miller, *Tropique du Capricorne*, 1939

Il doit rester quelques jonquilles... euh coquilles
mais c'était ça ou attendre 2022...

Le candidat des coquilles !...
Non : **le candidat des jonquilles** (et des tulipes).

Candidat de la ruralité réelle
aux présidentielles 2017...
Impossible ? Je le suis...

Être ou ne pas être le candidat de la ruralité aux élections présidentielles 2017 ?

- Jamais tu n'obtiendras cinq cents parrainages !...
- C'est effectivement probable... mais il reste encore presque 36 000 communes dans ce pays !... L'objectif des "communes nouvelles", c'est également de "restreindre" la "classe politique"... Dans nos futures "grandes villes", les maires seront "*forcément*" encartés et toute candidature sénatoriale ou présidentielle hors parti ne sera pas interdite mais impossible... Les élus seront des professionnels de la politique, naturellement plus aptes à prendre les bonnes décisions...

En décembre 2015, j'ai commencé à penser à cette candidature... Aucun bouleversement dans ma vie : les projets en cours furent continués. Dans "le plus grand secret" : une seule personne mise dans la confidence.
Mais ce livre s'est écrit. Sans journaliste ni nègre, pas même d'apporteurs d'idées...
Sans recherche de soutiens ni création de parti : dans une démarche, il faut donc oser le terme, gaulliste, de contact direct d'un homme avec un pays.
Les "*ah ! ah ! ah !*" constitueront sûrement la réaction la plus fréquente, surtout parmi les notables lotois... C'est pas gagné ! (serait-ce même perdu d'avance ?)

La ruralité marche sur la tête : pesticides, nitrates et autres curiosités. Dont le rattachement programmé aux villes ou un "centre" touristique.

Une autre ruralité est possible !... Avec une population active et des jardins, potagers et vergers, des poissons dans les ruisseaux...

65% de mes "chers compatriotes" préféreraient vivre à la campagne... Même s'il s'agit d'un sondage (2015), même si la notion de campagne reste à préciser, il semble s'agir d'une tendance lourde... Quand l'état invente un nouveau concept pour entériner la marginalisation de nos campagnes « *Aujourd'hui, selon l'INSEE, 95% des Français vivent dans des communes sous influence urbaine, parmi lesquels 65% dans un pôle urbain et 30% dans les espaces périurbains...* »

J'ai choisi de vivre à la campagne. Vraiment. Et d'y rester, malgré tout. Avec un potager et des arbres fruitiers.

Car tout est mis en place pour décourager "les actifs ruraux" dans ce pays, les aimanter en ville... où ils seront sûrement de "meilleurs contribuables" !

Il ne s'agit pas d'un programme (avec promesses et chiffres) : il existe des spécialistes pour ce genre d'envolées... mais d'une analyse, d'un état des lieux, d'orientations... des raisons de l'initiative.

Une lecture optimiste de la situation peut m'attribuer, face au désintérêt des "candidats des villes" pour la campagne, **un électorat potentiel de 65%...**

Une candidature officielle le 30 octobre 2016 : il convient également de la rapprocher de celle d'un certain Coluche, déclarée le 30 octobre 1980...

Stéphane Ternoise
Auteur en 2015 de l'essai *Les villages doivent disparaître ! (Communes nouvelles 2015 ou fin de la ruralité)*

> Vous êtes trois, en ce 29 octobre 2016, à savoir.
> Sept vidéos ont été programmées sur Youtube pour une mise en ligne demain à la première seconde...

> Seulement trois : désolé de ne pas vous l'avoir confié... Peut-être pour me garder la possibilité « j'arrête tout » ? Ou simplement pour travailler tranquillement ?

> Ce livre nécessitait encore quelques jours d'attentions... Finalement des semaines.

Gratuit en numérique

Pourquoi ce livre est gratuit en numérique quand ceux de Mélenchon, Macron, Fillon et les autres sont chers ?

Car ils sont riches et moi pauvre !

Car même le candidat prétendu anti-oligarchie s'est allié à l'oligarchie pour publier ses écrits...

Nous en sommes là.
Ils ont la parole, j'ai cette offre "promotionnelle".

La relayer est donc un acte militant...

Parlez-en ! Présentez http://www.candidat.info

Et https://www.youtube.com/ternoise

Vous pouvez également chanter...

Si j'avais les médias d'Emmanuel Macron
Les 500 parrainages s'raient d'jà dans mon blouson
Si j'avais les émissions de François Fillon
Je penserais au second tour de ces élections

« *Mr Bones avait vécu assez longtemps pour savoir que tout était possible, que des choses impossibles, il s'en passait tout le temps.* »
Paul Auster, *Tombouctou*.

11

Le temps et le lieu

Le temps est notre bien le plus précieux... Seul le temps nous appartient vraiment... et nous le laissons filer, l'accordons au moindre solliciteur, au moindre écran porteur de distractions, à la plus vulgaire des passions, quand ce n'est pas à l'ennui...

Nous pouvons pourtant essayer d'au moins éviter de maugréer chaque soir contre la sensation d'une journée supplémentaire totalement perdue.

Passée la bonne résolution du moment, la compréhension d'avoir dilapidé son capital temps ne nous prémunit pas contre une nouvelle perte présente et future...

C'est à chacun de se décider à vraiment reprendre possession de son temps...

Quant à la grande décision d'une vie, c'est naturellement son occupation "professionnelle". D'où découle le plus souvent le lieu de vie mais il semblerait préférable de choisir son lieu de vie et ensuite décider de l'activité... Tout n'est pas possible partout.

Le plus souvent, le critère de rentabilité l'emporte sur celui d'épanouissement dans ce choix professionnel, sans même se soucier des contraintes géographiques de son exercice...

Hormis "extrémités", rien ne devrait nous faire accepter de vivre dans un endroit non apprécié, incompatible avec notre idée de l'harmonie...

65% de mes contemporains souhaiteraient vivre à la campagne... Je ne peux pas écrire "vivre comme moi" ! Mais s'ils le souhaitaient vraiment, ils y vivraient ! Naturellement, pour les ruraux, ce serait une autre catastrophe, ces ex-citadins pourraient même essayer de se débarrasser de nos coqs coupables de chanter trop tôt.

Me lancer dans l'aventure d'une campagne électorale constitue une perte de temps ? Je me suis posé la question... Elle se limitera peut-être à ce livre...

« *Le temps est notre bien le plus précieux* » constatait déjà Sénèque. « *J'ai trop peu de temps à vivre pour perdre ce peu* » semblait approuver Chateaubriand.

Combien de ruraux reste-t-il ?

« Aujourd'hui, selon l'INSEE, 95% des Français vivent dans des communes sous influence urbaine, parmi lesquels 65% dans un pôle urbain et 30% dans les espaces périurbains, soit, respectivement, plus de 42 et 19 millions de personnes. Les Français ne sont plus que 5% à habiter des communes en dehors de l'influence des villes. »
Document du *COMITE INTERMINISTERIEL aux ruralités* du 13 mars 2015, préfacé par Sylvia Pinel, Ministre du Logement, de l'Égalité des territoires et de la Ruralité.

Le 15 avril 2015, lors d'une petite éclipse d'information durant leur grande grève, au journal de 9 heures de *France-Inter*, Estelle Schmitt présentait l'enquête publiée par l'INSEE "*la France et ses territoires*" : « *... On y apprend d'abord, Yann Gallic, que la France est surtout urbaine pour près de 8 français sur 10.* »
Et le chroniqueur d'enchaîner : « *Entre 1982 et 2011, la population urbaine a augmenté de 23%, soit presque 9 millions d'habitants supplémentaires dans les villes et les périphéries. Cette croissance concerne surtout les grandes agglomérations qui comptent plus de 400 000 habitants. Notamment l'agglomération parisienne qui reste la plus attractive. Cette évolution démographique est liée à celle de l'emploi. On s'installe généralement là où il y a du travail (...)*
Cette enquête révèle enfin de fortes disparités territoriales en matière d'équipements et de services publics. Si vous habitez dans une commune rurale où la densité de population est très faible, il vous faudra en moyenne 50 minutes pour accéder aux urgences de l'hôpital le plus proche au lieu d'un quart d'heure si vous vivez en zone urbaine. »

Lecture nécessaire de "*la France et ses territoires*"...
Partie "*Une nouvelle approche sur les espaces à faible et forte densité*" (par Christel Aliaga, Pascal Eusebio, David Levy) :
« *Longtemps assimilés aux espaces agricoles, les territoires ruraux étaient définis « en creux », comme non urbains. Avec le*

développement des villes, les liens des territoires ruraux avec celles-ci se sont intensifiés, que ce soit en termes d'emploi ou d'accès aux services et commerces. C'est désormais plus un cadre de vie qui définit les espaces ruraux, car ils peuvent se situer à la périphérie des villes. Pour tenir compte de ces évolutions, l'Insee propose aujourd'hui une grille plus continue, fondée sur le degré de densité de population des territoires, selon une approche plutôt « morphologique ». Elle est issue des travaux de la Commission européenne et rendue possible par la disponibilité de données à un niveau territorial très fin, celui des « carreaux ».

Cette nouvelle grille d'analyse, combinée à des éléments sur les caractéristiques des habitants, leur activité, l'accès à l'emploi ou aux services et équipements, peut permettre des approches très riches sur les espaces très peu denses. Il est ainsi possible de mesurer l'éloignement et l'enclavement et de décrire ces espaces très divers. La grande majorité des communes (90%) sont peu densément peuplées en France, pays où la densité est presque partout assez réduite. Ces communes ne regroupent que 35% de la population. Les plus faibles densités (communes très peu denses) concernent un tiers des communes et seulement 4% de la population. Trois quarts des communes appartenant à des espaces très peu denses peuvent être considérées comme isolées car éloignées de l'influence des villes. Trois quarts des communes très peu denses sont également situées à plus de 10 minutes en automobile des services quotidiens. »

Ainsi, on passe des 35% de l'Insee au 5% de Sylvia Pinel !

Ces 90% des communes semblent bien visées par "la réforme" de la "Commune nouvelle". 95% de la population doit avoir accepté de vivre "*dans des communes sous influence urbaine*". Et ainsi les "5%" doivent la fermer !

Selon le document du COMITE INTERMINISTERIEL aux ruralités du 13 mars 2015 : « *L'urbanisation, qui a fortement marqué la société française, s'est accompagnée d'une homogénéisation des modes de vie et de consommation comme des attentes des citoyens en termes de mobilité, de connectivité, de services, d'égalité des chances. »*

Une homogénéisation des modes de vie ? Certes, à la campagne également, vivre dans le respect de la nature semble une exception depuis quelques générations... Ces ruraux qui pourraient marcher ont même le plus souvent une télévision !

Comment obtenir 80% ? « *En 2011, en France métropolitaine, près de huit habitants sur dix résident dans l'espace urbain, défini comme celui des unités urbaines, c'est à dire un espace basé sur la continuité du bâti et d'une taille minimum de 2 000 habitants.* » ("*la France et ses territoires*") Et d'ajouter : « *En trente ans (1982-2011), à délimitations courantes des unités urbaines, la population de celles-ci s'est accrue de 23%, soit 8 961 000 habitants supplémentaires et la superficie occupée par ces dernières, de 42,5% (35 400 km2).*

Sur cette période, la population urbaine a augmenté de manière inégale sur le territoire. Les grandes unités urbaines absorbent en effet près de 80% de la hausse (20% par l'unité urbaine de Paris et 56% par les unités de 400 000 à 2 000 000 habitants). L'attractivité des grandes villes conforte un système urbain dominé en premier lieu par Paris et en second lieu, par un ensemble de 14 unités urbaines de 400 000 habitants ou plus. Les unités urbaines dont la population est comprise entre 200 000 et 400 000 habitants sont celles qui contribuent le moins à la variation de population de l'ensemble des unités urbaines (en raison, notamment, de la « migration » de trois unités urbaines vers d'autres classes de taille). La population urbaine se répartit entre un centre parisien hypertrophié (10 millions d'habitants), 14 unités urbaines de 400 000 habitants ou plus situées sur le littoral, le long des fleuves, près des frontières, et 2 218 unités urbaines plus petites.

L'ensemble des quinze villes les plus importantes regroupe en 2011, 21,3 millions d'habitants, soit 43,8% du total urbain, contre 14,4millions d'habitants ou 36,4% en 1982 (délimitation courante). » Vider les campagnes pour amplifier ces chiffres ?

Moi président de la République ?...

Si je devenais Président de la République, nul doute qu'en 2022 mes apprentis successeurs s'essayeraient à la chansonnette, tout au moins "les médias" ne manqueraient pas de les titiller sur le sujet...

Alors, en 2017, l'anaphore est obligatoire ? Vu le quinquennat, elle pourrait sembler ridicule. Souvenez-vous, elle débutait après « *Je veux être un président qui d'abord respecte les Français, qui les considère. Un président qui ne veut pas être président de tout, chef de tout et en définitive responsable de rien.* » Modeste sans-dents, je ne me suis pas senti respecté ces dernières années, et il semble avoir contaminé jusqu'à la base ; ni par F. Hollande, ni par S. Rigal ni par J.-C. Bessou...

Président ? Je présiderai... tous simplement.
Je nommerai un Premier Ministre "de transition", avec un gouvernement identique, très resserré (une dizaine de très grands ministères), sans secrétaires d'Etat, cette "blague républicaine".

Avant les législatives, je consulterais les candidats intéressés par le Poste de Premier Ministre, d'accord sur l'idée d'un gouvernement qui gouverne vraiment, d'un parlement essentiel.
Une possible instabilité assumée : changements de Premier ministre, dissolutions de l'Assemblée nationale. Mais poursuivre la dérive Hollandaise semble plus dangereux.

Quant à la notion d'*incompétence* qui ne manquerait pas de m'être reprochée, si par exemple j'obtenais 500 signatures et dépassais rapidement 5% d'intentions de vote : il s'agit simplement de succéder à François Hollande.
Il s'agit de "faire tourner correctement nos institutions", d'en limiter le plus possible les dérives, de montrer une voie.

La terre aux jardiniers !

À 50 ans, si tu n'as pas un verger, tu as raté ta vie. J'ai 48 ans. Elle est rude, la terre du Quercy blanc mais j'essaye...

Naturellement, il s'agit d'une référence au publicitaire Jacques Séguéla, l'homme parvenu à concilier la gauche mitterrandiste et la droite sarkozyste dans une même logique d'accession au pouvoir. Le 13 février 2009 restera son heure de gloire (pourtant il continue à intéresser des médias) : « *Tout le monde a une Rolex. Si à 50 ans on n'a pas une Rolex, c'est qu'on a quand même raté sa vie* » selon l'inventeur du slogan "La force tranquille."

Sûrement, dans une de ses résidences, Jacques Séguéla, pourrait nous présenter (quelle belle idée pour *Paris-Match ?*) des pommiers et même des pruniers...

Bref, Montcuq en Quercy Blanc, la commune nouvelle, moins de 2000 habitants, va consacrer 600 000 euros pour "enjoliver" son centre historique. Un bureau d'étude en gloutonnera déjà environ 50 000 pour décider le sens de circulation retenu... le passage en piétonne d'une route semblant évident. Et autres curiosités. Des statues, sûrement, y seront installées. Toulouse possède son Nougaro, Cahors arbore Gambetta, Lille un Mitterrand, pourquoi nous priver d'un Nino Ferrer tenant un cornichon et osons également Félix Faure, enfin Maurice... Je cesse de commenter le possible pour exposer une idée, demandée par personne, car naturellement les citoyens ne furent pas conviés au grand bal musette du "comment dilapider 600 000 euros ?"
Même à une moyenne de 5000 euros l'hectare, réaliste pour des "terres labourables" dans ce secteur, une telle cagnotte permet d'en acquérir 120...
Dans mon "projet", il ne s'agit pas, contrairement à l'optique municipale, de perdre cette somme (pas perdue pour tout le monde...) mais d'un investissement (le conseil municipal pourrait me rétorquer "nous également" car avec cette "impasse Daniel Maury" les touristes vont affluer... hum hum) : il y aurait

sûrement 240 familles intéressées par 1/2 hectare près de chez eux, pour y cultiver des légumes, y planter des arbres.

À 100 euros la location, la commune recevrait 24 000 euros annuels. En 30 ans, cette location deviendrait même une bonne affaire économique...

Certains me rétorqueraient l'impossibilité municipale d'acquérir de telles terres, qui plus est harmonieusement réparties sur les 78 km² du territoire.

Car oui, la *safer* est prioritaire et la *safer* se soucie des agriculteurs, s'en fout des jardiniers.

Vous auriez raison, monsieur le maire, de sourire de "mes bons sentiments"... Alors oui, il faut changer la loi, cette loi, et transférer de la *safer* aux mairies le droit préférentiel pour l'acquisition de terres agricoles, naturellement non dans un but spéculatif mais de redistribution aux citoyens...

Car qui aujourd'hui, en France, peut acquérir de la terre cultivable ?

Avant... revenons comme pour la création des communes, à l'après Révolution française, une grande partie des citoyens possédait "un coin de terre", cette terre confisquée aux "exploiteurs"... En deux siècles, dans ce domaine également, les féodalités se sont réinstallées...

J'ai donc un vrai projet ! Avec même une vraie mesure rapide à mettre en place...

Vive le jardinage !

(mais arrête... nos concitoyens ne veulent plus se fatiguer à jardiner, ils sont bien contents d'acheter leurs légumes et leurs fruits... une minorité sûrement se reconnaîtra dans cette orientation mais... c'est déjà ça... un président doit montrer la direction.)

Être l'inconnu de Jacques Attali, à élire en 2017

« *Jacques Attali est écrivain, économiste et président de PlaNet Finance.* »

« *Le prochain président sera un inconnu.* » Je me souviens d'avoir vu passer ce titre... Mais depuis longtemps les analyses de Jacques Attali m'intéressent... disons très modérément... Et je n'avais pas cliqué sur l'article... J'ai donc cherché... à savoir s'il causait de moi !

Le 21 avril 2016, invité d'Arlette Chabot (vidéo en ligne), avec en gros titre : « *Le prochain président sera un inconnu.* » C'est donc cela...

Écoute : « *J'ai toujours dit que le président prochain serait un inconnu parce que les Français veulent deux choses, ils veulent un programme et une action forte et ils veulent quelqu'un de nouveau. Ils veulent un* (sic) *vrai action et un vrai candidat.* »

Mais il continue « *d'une certaine façon, nous apportons le programme et est entrain de surgir un ou plusieurs... Bruno Le Maire à droite peut-être... Emmanuel Macron à gauche... quelqu'un qui incarne l'espérance d'un nouveau... mais ils n'ont pas de programme pour l'instant...* » Il enchaîne avec le "comme nous"... où l'on sent sa retenue du "je".

C'est donc sûrement la conclusion d'une tentative médiatique...
Je découvre au lundi 12 mai 2014.
Attali : « *Le prochain président sortira de nulle part.* »
Entretien exclusif dans *Valeurs Actuelles*. L'hebdomadaire précise : « *C'est Jacques Attali qui, lors du premier septennat de François Mitterrand, a repéré François Hollande et l'a fait venir à l'Élysée comme conseiller technique.* » Quel titre de gloire ! « *L'ancien sherpa de Mitterrand est aujourd'hui l'un des visiteurs du soir les plus écoutés par le président de la République. Deux ans après l'élection de François Hollande, il livre pour "Valeurs actuelles" un bilan sans concession du socialisme au pouvoir.* »
L'homme semble se croire le plus intelligent du pays : « *Il existe*

un très large consensus sur les mesures à prendre. Tout le monde sait ce qu'il faut faire. Depuis longtemps. Au moins depuis la commission que j'ai présidée en 2008 et qui rendit un rapport unanime, gauche et droite réunies. » Si Jacques a dit, Attali en plus, pourquoi François ne fait pas ? Si je le croyais, moi Président, je le nomme Premier ministre, monsieur d'Attali.

La suite est payante... mais google me déniche un PDF gratuit de l'intégralité...

« *Je suis convaincu que le prochain président de la république sera quelqu'un qui sortira de nulle part et qui aujourd'hui est en train de mûrir, dans un coin, un programme sérieux. C'est cela dont le pays a besoin : quelqu'un qui donne une direction ou un sens. Qui dise la vérité, sans chercher à être populaire. Quelqu'un qui donnera une vision pour la France à vingt ans et qui expliquera le sens et la raison d'être de chaque réforme. Quelqu'un qui expliquera la mondialisation, l'Europe, la francophonie, et l'avenir magnifique que la France peut y trouver.* »

Il m'a vu dans le Lot ou rêve devant son miroir ?

Emmanuel Macron, l'inconnu qu'il nous faut ?!

La grande force de la France, c'est sa campagne, son vaste territoire...

Sortir de Montcuq, c'est sortir de nulle part ? Et je n'ai jamais cherché la popularité... Ainsi dans le Lot obtenir sept parrainages relèverait déjà du miracle.

Un seul opérateur : tu es spammer !

Naturellement, après avoir collecté les adresses, les courriels, des mairies, je me suis adressé aux maires...

Mais la concentration chez les Fournisseurs d'Accès Internet a multiplié les adresses municipales en @wanadoo.fr ou @orange.fr... et leurs programmes de contrôle ne vérifient naturellement pas si les envois émanent d'un candidat aux présidentielles en tentative de communication ou d'un spammer du Viagra ou d'une arnaque...

Un "voyage virtuel"... Extraits : « À moins de six mois du scrutin, je m'adresse aux maires de France, certes pour solliciter leur parrainage mais également aux conseillers municipaux car la démocratie, selon moi, repose sur le pilier principal des mairies, de la proximité (après "les regroupements", combien de mairies restera-t-il ? comme l'expliquait également, mi 2015, *« Les villages doivent disparaître !»*, ce livre de référence sur la ruralité en danger)

Ma CAMPAGNE présidentielle sera LA MOINS COUTEUSE de l'histoire de la Veme République. S'il avait fallu envoyer 36 000 timbres, de toute manière, cela m'aurait été impossible : je suis LE CANDIDAT sans PARTI ni SOUTIEN OFFICIEL, de la ruralité réelle, d'une "certaine" pauvreté assumée.

Un site de référence : http://www.candidat.info. Oui http://www.candidat.info est un site de Stéphane Ternoise et non celui de Fillon, Mélenchon ou Poutou. Pas même Macron...

Le candidat de la ruralité et de l'Internet. D'un autre développement possible de nos campagnes. Et non de leur rattachement programmé à une ville ou un "centre touristique".

Des vidéos donc. Symboliques. "Pour faire connaissance". D'autres viendront où j'expliquerai une vision à long terme, exposerai des mesures concrètes.
N'hésitez pas à vous abonner à cette \"CHAINE YOUTUBE\" : c'est gratuit, géré par youtube, et elle sera mon outil phare de communication.

Les vidéos les plus... significatives :

- Naturellement : à Montcuq, devant la Tour. Je vis dans cette commune, la commune nouvelle de Montcuq en Quercy Blanc. : https://www.youtube.com/watch?v=jkciVtyBXxs

- Mais également (surtout ?) : devant un auditoire de moutons... C'est une évidente : cette candidature n'intéresse pas les moutons... Deux s'éloignent rapidement... puis le troupeau ! https://www.youtube.com/watch?v=gPztY9K-D3A

La ruralité, je ne l'ai pas découverte un matin d'octobre en me rasant... En 2015 je publiais le livre devenu une référence : « *Les villages doivent disparaître !* » puis il y eut celui du suivi d'une création de commune nouvelle non désirée par les administrés « *Soumissions à Montcuq (Belmontet, Lebreil, Sainte-Croix et Valprionde à genoux)* » (http://www.communenouvelle.com)

Naturellement, je me dois de conclure ce courriel en vous causant de votre parrainage.

Me l'accorder, c'est donner une voix à la ruralité. Vous connaissez naturellement "la nouvelle gestion" mise en place, discrètement.

En me promettant dès ce jour (cette semaine ? ce mois ?) votre parrainage par retour de mail... Vous me permettrez de rendre crédible, aux yeux des observateurs, cette candidature rurale... »

Vivre près des axes routiers...

Des "cas concerts", je pouvais en puiser des centaines... Oui, il est si facile de dénoncer dans notre société d'abondance et d'*amassage* par une oligarchie (à nombreuses strates)... mais apporter des solutions réalistes nécessite une envie de privilégier le "mieux vivre" (et non la rentabilité ou autres conneries doctrinaires)

Grande découverte donc gros titre : « *Vivre près des axes routiers accroît le risque de démence.* » Par *le Monde*. Vous savez, le quotidien... Vu sur leur site internet. Il leur a fallu pour s'intéresser à ce "phénomène" les résultats d'une étude : « *des chercheurs canadiens ont analysé les données de 6,5 millions d'habitants de l'Ontario sur une période de onze ans.* » Par Paul Benkimoun. 5 janvier 2017.

« *Le fait de vivre à moins de 50 m d'une voie de circulation importante augmenterait de 7 % le risque de développer une démence. Le risque serait accru de 4 % pour un rayon de 50 à 100 m. (...) entre 7 % et 11 % des cas de démence pourraient être attribués à un domicile situé à moins de 50 m d'un axe routier majeur.* »
Attention : « *Les chercheurs ont également trouvé une association entre la survenue d'une démence et une exposition à long terme à deux polluants liés au trafic routier bien connus, le dioxyde d'azote (NO2) et les particules fines (dont une bonne partie émane des gaz d'échappement, notamment ceux des moteurs diesel). Cependant, ces deux facteurs ne sauraient expliquer à eux seuls l'élévation du risque, selon le docteur Hong Chen et ses collègues.* » Ha, personne n'est coupable !
Trois pathologies neurodégénératives analysées : maladie de Parkinson, démence et sclérose en plaques. Mais seul le lien avec la démence fut "démontré"...
Néanmoins : « *Des recherches ont montré que les polluants atmosphériques et les gaz d'échappement des moteurs diesel induisent un stress oxydatif et une neuro-inflammation des*

cellules du cerveau constituant la première défense immunitaire active du système nerveux central. »

Sachez-le néanmoins : « *Quelques études épidémiologiques ont également trouvé un lien entre la pollution atmosphérique et sonore et le déclin cognitif, ainsi que l'augmentation de l'incidence des maladies d'Alzheimer et de Parkinson.* »

En conclusion : « *L'association est robuste, mais il est prématuré de tirer une conclusion définitive. Cette étude soulève une hypothèse. Il convient maintenant de la tester* », estime le professeur Dab.

Oui, il faudra encore de nombreuses études pour démontrer la nocivité des pollutions !!!...

L'endroit où l'on vit est essentiel dans une vie.

Choisir l'endroit où l'on vit et avec qui l'on vit devrait constituer la priorité de chaque être humain... Dans un pays où "le bien-être matériel" permet de se consacrer à ce genre de privilège.

Oui, nous vivons une époque fabuleuse, oui des milliards d'ancêtres n'auraient jamais espéré même dans leurs rêves les plus fous, ce qui nous est offert... et nous passons à côté de ce bonheur !

Vivre à la campagne. Pouvoir y vivre vraiment. Sans devoir prendre une voiture cinq jours sur sept. Ni le sixième pour se "au centre ville" situé à 10 kms !

Pouvoir même se déplacer par des transports publics... Avec un vrai service de livraisons.

Pouvoir y vivre quoi, et non y dormir ou y prendre des vacances.

D'autres études ? 92% de la population mondiale respire un air trop pollué... « *Une action rapide pour faire face à la pollution atmosphérique est nécessaire d'urgence* » (OMS, Organisation mondiale de la santé)

France : la pollution atmosphérique cause 48.000 décès par an (SPF ; Santé Publique France)

« *Dans les agglomérations de plus de 100.000 habitants l'étude de SPF montre une perte moyenne de quinze mois d'espérance de vie pour un individu de 30 ans à cause des particules fines.* »

30 octobre 1980 - 16 mars 1981

« *J'appelle les fainéants, les crasseux, les drogués, les alcooliques, les pédés, les femmes, les parasites, les jeunes, les vieux, les artistes, les taulards, les gouines, les apprentis, les Noirs, les piétons, les Arabes, les Français, les chevelus, les fous, les travestis, les anciens communistes, les abstentionnistes convaincus, tous ceux qui ne comptent pas pour les hommes politiques à voter pour moi, à s'inscrire dans leurs mairies et à colporter la nouvelle. Tous ensemble pour leur foutre au cul avec Coluche. Le seul candidat qui n'a aucune raison de vous mentir !* »

Vagues souvenirs, j'avais 12 ans, 12 ans d'alors, dans un village agricole du Pas-de-Calais. J'ai consulté depuis des documents... Coluche, viré par RMC le 2 février 1980, même pas quinze jours après son engagement, se sentait censuré... son ami Romain Goupil (organisateur de la campagne présidentielle d'Alain Krivine en 1969) lui aurait suggère de se présenter à l'élection présidentielle... **afin de pouvoir parler librement dans les médias**.

Le 30 octobre 1980, sa déclaration officielle se déroulait au théâtre du Gymnase... Il avait réussi à y attirer de nombreux journalistes...

Je me suis déclaré le 30 octobre 2016... Devant la tour de Montcuq ; devant le pont Valentré, de Cahors, au lavoir de Limogne-en-Quercy ; à Valhuon, devant l'école de mon enfance, à quelques kilomètres de là devant des moutons puis un âne... et à Paris un peu également, au jardin des plantes, en compagnie de pigeons, avec un éléphant (du PS) et un dinosaure (de la République). De simples déclarations balancées sur Youtube... Deux mois plus tard, la plus vue dépasse quand même 500... Mais l'indifférence prédomine...

Le 14 décembre 1980, le *Journal du dimanche* publiait un sondage, le créditant de 16% d'intentions de vote...

Emballement : la question se limitait à « *Pourriez-vous envisager de voter pour Coluche ?*».

Mais de "vrais sondages" lui octroient quand même "une base" de 10%, comme *Ifop-Le Point* (réalisé du 26 décembre 1980 au 2 janvier 1981) : Valéry Giscard d'Estaing 32% ; François Mitterrand 18% ; Georges Marchais 14,5% ; Coluche 11% ; Jacques Chirac 8% ; Michel Debré 7% ; Brice Lalonde 3,5%.

Puis ce fut le boycott par les médias...

Si le 9 février 1981, Coluche prétend devant la presse anglo-saxonne avoir recueilli 632 promesses de signatures d'élus (déjà 500 nécessaires), il ne semble pas s'en être préoccupé. Romain Goupil avouera qu'il n'en avait qu'une !

Pressions, menaces (même de mort), Coluche annonce le 16 mars 1981 son retrait de la candidature... et entame une grève de la faim pour dénoncer la censure à la télévision et à la radio...

Coluche a-t-il été assassiné le 19 juin 1986, à Opio, Alpes-Maritimes ? Après son triomphe dans *Tchao Pantin* et les *Restos du Coeur*, les politiques pouvaient craindre son retour sur scène prévu en septembre (aurait-il balancé l'existence de la fille cachée de Mitterrand ?) et sa candidature... en 1988...

Quand je scrute les "documents d'époque", dont la déclaration sur les lieux du drame du chauffeur du 38 tonnes, sa version d'un accident dut à la vitesse du motard, me semble contestable, avec une moto si peu abimée...

L'expertise aurait d'ailleurs conclu à une vitesse d'environ 60 km/h (90 autorisés). Dans cette ligne droite, le camion lui a brusquement coupé la route (selon Ludovic Paris et Didier Lavergne, ses amis, derrière lui, également en motos, témoins).

Ce semi-remorque contenait des gravats... chargés à la gendarmerie de Grasse... Le camion tournait vers une décharge ? Il n'y en avait pas... et le chemin de terre ne semblait pas permettre le passage d'un 38 tonnes... Quant à "la décharge", elle était où ? Le camion lui a coupé la route, délibérément. Le chauffeur a simplement tourné sans regarder ? Il s'est proclamé lui-même expérimenté... Pourquoi a-t-il tourné ?

Erreur de Coluche : son casque était accroché au guidon. Le choc fut donc fatal. En conclure au meurtre est infondé ? Une intime conviction. La théorie de l'accident "bête" ne m'a pas convaincu. Et l'hommage de Jacques Attali (qui fit le lien avec les politiques) lors des obsèques me cause un certain malaise...

Je prends des risques avec cette candidature ? Quand dans son pitoyable et pathétique témoignage de fin de mandat "*Un président ne devrait pas dire ça*", recueil de confidences à deux journalistes, "naturellement" du *Monde,* François Hollande reconnait avoir ordonné des assassinats ciblés, il balance sur ses prédécesseurs plus prompts à utiliser cette radicale mesure.

Des assassinats ciblés hors de tout cadre légal... sûrement des "chefs djihadistes"...

Vincent Nouzille, journaliste, auteur début 2015 de "*Les tueurs de la République*" précisait alors : "*La loi du Talion est une règle quasi-intangible des services secrets. Les Français qui étaient très réticents à ce type d'opérations ou ne le faisaient pas savoir, s'y sont davantage mis. Sous François Hollande, c'est devenu un principe: on pourchasse, on traque et on neutralise*",

Interrogé par l'*Express*, Michel Goya, un "expert militaire", ancien colonel, résume : "*Ces opérations clandestines ont toujours existé. Il y a eu une sorte de frilosité après l'affaire du Rainbow Warrior mais, guerre contre le terrorisme aidant, les présidents y ont de plus en plus recours (...) Par mesure de discrétion, les opérations homo se font la plupart du temps au sol. Il n'est pas évident de violer un espace aérien sans se faire repérer. C'est encore mieux si cela passe pour un accident*".

Personne pour l'instant ne semble s'être permis de revenir sur les années Mitterrand / Chirac... Ont-ils assassiné Coluche ?

Toi qui sais... il serait temps de parler...

1997-2017... 20 ans plus tôt, l'analyse débutait...

J'ai repris *Assedic Blues, Bureaucrate ou Quelques centaines de francs par mois,* une forme d'essai "choix social".
Le style serait forcément... différent... la pensée également s'est affinée. Mais l'approche me semble correcte :

Quand il s'applique à un être humain en particulier, l'effet boomerang scelle souvent la morale d'une triste histoire. Ainsi après avoir été l'un des plus zélés relais d'Adolf Hitler, Ernst Röhm, chef des SA, est massacré lors de la *Nuit des longs couteaux*. Ainsi quand le père dictateur s'éteint dans l'indifférence des enfants qu'il humilia en voulant les façonner à sa lugubre cupidité.
Mais appliqué à un groupe d'individus, à une société, une civilisation, l'effet boomerang frappe apparemment au hasard. Comme s'il existait une faute collective à expier par un sacrifice. La faute collective, serait-ce l'indifférence ?

L'effet boomerang (les grands fléaux fils des petits raisonnements)

Les trains passaient. L'holocauste. Comment ont-ils pu laisser faire ça ? *"C'était la débâcle"*, répondent celles et ceux qui regardaient les trains, ils n'y pouvaient rien, ils voulaient d'abord sauver leur propre peau, surtout ne pas attirer les représailles sur leur région, leur famille...
La machine d'exterminations tourna à plein régime et, sans le débarquement américain De Gaulle aurait longtemps pu animer des émissions pirates peu écoutées. Personne ne voyait comment stopper le führer. Et pourtant, qui était Hitler le 30 janvier 1933 ? Pas grand chose, un cancre, le leader d'un parti nationaliste en net recul lors du dernier suffrage, après certes une foudroyante percée néanmoins loin de la majorité (qu'il n'atteindra jamais). Et son programme, *Mein Kampf*, annonçait l'horreur finale.
Pourtant en 1933, dans une Allemagne à 6 000 000 de chômeurs, politiquement instable, Hitler s'installe tranquillement. Il a suffi

qu'il rassure tout le monde pour que tout le monde lui fasse confiance. Pourquoi les grandes puissances ont-elles laissé faire ? Pour les affaires ! Qu'avec l'ordre l'Allemagne retrouve une utile prospérité ; la Grande-Bretagne voulait un partenaire commercial qui ne cède pas au "bolchevisme", la France obtenir les "réparations 14-18", l'Amérique placer ses capitaux.

En 1933, pour les affaires, Hitler sut apparaître mieux que le désordre, l'insécurité (troubles en partie orchestrés par la S.A.).

De plus il arrivait au pouvoir légalement, allié aux forces conservatrices et monarchistes, de plus il semblait encadré par des membres des précédents gouvernements (qui croyaient justement ainsi le récupérer), de plus il avait proclamé sa volonté de paix, son attachement aux droits de toutes les minorités.

Cet Hitler avait un seul talent : savoir parler, exprimer les angoisses, décrire la misère et ainsi manipula les foules, berna l'Allemagne pour passer sa patte grise dans l'entrebâillement du pouvoir. Ensuite il continue "légalement", adapte la Constitution à ses haines, récupère les symboles (1er mai), abolit les droits individuels... En moins d'un an le totalitarisme est installé.

Et quand il s'essaye belliqueux, 1936, Munich, en face la frilosité, les petits raisonnements triomphent encore, il peut donc encore avancer des pions. Finalement, quand il se sent le plus fort, il revient à son objectif initial : la guerre.

Après 1945, la lâcheté, l'esprit de Munich des "aveugles" sont fustigés, l'ignoble mécanique disséquée. Plus jamais ça !

Le monde jure qu'on ne l'y reprendra plus. Oui la haine jamais n'est rassasiée par quelques en-cas. "Longtemps" les Français jureront que jamais plus ils ne laisseraient la haine contaminer un pays voisin... encore moins l'Hexagone. Et pourtant !

Oui, nous avons compris, et dans tous les domaines cette leçon fera référence. Terminés les mesquins sophismes. Nous vérifierons si les paroles engagent les actes. Nous nous méfierons des beaux discours, des manipulateurs. Nous contrôlerons tous les pouvoirs. Nous réfléchirons toujours aux conséquences à long terme. Nous réagirons avant les drames...

Et pourtant encore, depuis se sont multipliés les "grands fléaux modernes", des petits problèmes laissés enfler par lâcheté, je-m'en-foutisme et surtout cupidité.

L'effet boomerang est impitoyable. Partout et toujours.

Pour mieux contrôler les hommes, une oligarchie les a sédentarisés, puis regroupés sous le bon prétexte économique. Le "progrès" a accéléré le mouvement. Les villes implosent, les campagnes se désertifient. Pour parquer les gens, ne pas les mélanger aux notables du "centre ville", des ensembles H.L.M fleurirent à la périphérie des grandes cités : les banlieues flambent.

Quand des agriculteurs puis des ouvriers puis des employés furent confrontés à l'impossibilité d'exercer leur métier, les sommités pavanèrent, c'était "le progrès", le prix de la compétitivité, il fallait être performant, gloire aux diplômes. Puis les cadres tombèrent de leur piédestal. Le chômage n'épargne personne !

Au début des années 80, le sida est glorifié par ceux qui lui octroient une allure divine destinée à supprimer les "déviants", homosexuels et toxicomanes. Ensuite du sang contaminé est distribué. Des responsables n'ont pas voulu perdre l'argent de ce commerce. Comment ont-ils osé ! Mais la logique financière perdure : l'occident peut se protéger et bénéficie des dernières thérapies, l'Afrique, l'Asie et l'ex-bloc de l'Est, non.

Depuis longtemps le système de production agricole prenait les consommateurs pour des cochons de payants : comment obtenir le plus de viande possible à un moindre coût : hormones, élevages en batterie, alimentation chimique, récupération de restes...

Certains savaient depuis des décennies : l'amiante c'est la mort. Mais il y avait un gigantesque marché, une technologie reconnue, le lobby industriel veilla. Plutôt sacrifier des employés qu'égratigner la rentabilité. Le pays étant amianté, le secteur a d'autres débouchés : "les chantiers de déflocage". Et les cyniques bénéficièrent d'un délai après la décision d'interdiction... pour exporter leurs stocks. Ne surtout pas perdre d'argent !

Nous avons péché par manque de précautions, nous ne savions pas, se défendent les accusés. Ils savaient, ils ont agi pour du fric, du pouvoir, et peu importait le risque social, les autres. Homicide par imprudence classent souvent les tribunaux.

Des personnalités prétendent avoir érigé des verrous : *des scandales comme le sang contaminé, la vache folle, l'amiante ne se reproduiront plus ;* pourtant les poissons survivent dans des eaux poubelles, la viande des étals n'a toujours pas retrouvé son goût naturel, nitrates, lisiers, engrais gagnent subrepticement la nappe phréatique, des milliers de km2 sont contaminés par des déchets indestructibles à la "durée de vie" estimée à 10 000 ans (déjà les pauvres condamnés à vivre à leur proximité développent les suites logiques des radiations, mutations génétiques, pieds atrophiés, jambes déformées, problèmes psychiatriques), des enfants sont placés devant des télévisions sans qu'on sache la réaction d'un cerveau témoin de milliers de meurtres, viols, agressions, l'automobile et l'industrie asphyxient... L'Homme n'est toujours pas au centre des préoccupations, le profit passe encore et toujours avant...

20 ans plus tard, naturellement je n'écrirais plus de la même manière. Par exemple figurerait l'hydre communiste dans l'accession au pouvoir d'Hitler. Mais j'y vois l'embryon de cet engagement.
Depuis 20 ans j'écris, donc lis et réfléchis. Ça peut sembler évident... Je me confronte également aux installés car ma liberté (de ton et de sujets par exemple) et mon audience limitée ont fait de moi un gêneur facile à censurer...

La possibilité de l'échec

J'envisage, en tout, la possibilité de l'échec, sentimentalement comme professionnellement. Même si "on ne s'habitue pas" à certaines choses. Oui, il ne faut pas non plus se mettre en situation d'échec constant... mais relativiser les échecs et surtout se le définir... L'échec, c'est ce qui empêche d'avancer... Et rien de plus.

Une rupture sentimentale te laissant dix ans groggy, c'est un drame... Le reste, c'est la vie...

Publier un roman au lectorat forcément limité, quand on a choisi d'être indépendant dans un pays où les médias les plus lus sont liés aux industriels, une pièce de théâtre peu (ou pas) jouée...

Soit je n'ai pas été bon, soit l'état de la société ne permet pas de faire mieux...

L'échec c'est de ne voir qu'un but, quand le chemin est essentiel. Je marche... mais non je ne suis pas un poisson marginal de la couveuse Macron... Je marche, j'avance, j'observe, je note, j'essaye de faire mon boulot d'écrivain, je donne une vision du monde.

Ce livre sera, peut-être dans quelques années, considéré comme le plus important de cette campagne.

Je suis ailleurs, dans une autre démarche. Puis-je ainsi "rencontrer mon époque" ?

C'est une possibilité.

L'échec, ce serait de ne pas publier ce livre, de me décourager après la très faible audience de mes vidéos du 30 octobre 2016.

Écrivain, il m'est nécessaire, parfois, de m'immerger dans mon époque. Il en restera au moins ce "test la République".

J'observe, les réactions, les silences...

Le bilan après deux mois d'essais mériterait déjà presque un livre ; elles sont esquissées ici, les difficultés.

La Présidence de la République reste la seule élection où "un homme seul" (un olibrius selon eux) peut encore se présenter - même le Conseiller Général a été remplacé par un groupe de quatre (2 titulaires, 2 suppléants)

La ruralité réelle...

La ruralité... oui... à condition de l'inféoder à une ville ou à un centre plus ou moins touristique, genre Montcuq dans le Lot, ce laboratoire de la destruction de la ruralité avec le mot ruralité dans les bouches... laboratoire d'où je parviens à m'exprimer localement plus que dans le village affligeant vide culturel depuis mon arrivée... car naturellement, même si la fusion est mauvaise pour les conquis, elle peut s'avérer "providentielle" pour quelques citoyens perdus dans le marasme des petites communes, comme le démontre la création du premier salon du livre de Montcuq-en-Quercy-Blanc... c'est "la complexité des choses" : dans un village chloroformé comme l'était le mien, un ensemble plus vaste peut fissurer les vieux arrangements... La ruralité, certains ne veulent pas la faire vivre, donc ne soyons pas surpris qu'elle disparaisse... Car le premier assez utopique pour essayer de faire des choses, ils savent l'écraser...

La nomination de Jean-Michel Baylet à un ministère reprenant ces quatre syllabes ne constituait même pas la goutte d'eau noyant la table, l'étable et les notables... Simplement la sensation d'une logique dans ma propre histoire... J'ai vécu vraiment la ruralité, par besoin humain, j'y ai même "sacrifié" une médiatisation et sûrement "l'amour". Quelle femme littéraire aurait voulu vivre ici !?

J'ai vécu la ruralité, me sentant autant en décalage avec les retraités "revenus" profiter du calme "fortune faite" qu'avec les "fumeurs de joints", autant en décalage avec les "derniers paysans" qu'avec les baratineurs de "lien social" toujours prompts à dénoncer mais incapable de construire le moindre projet...

Depuis deux décennies, régulièrement me passe en tête "les gens comme moi ne peuvent pas vivre ici" : naturellement il me fut conseillé de quitter ce vide culturel, au moins partir à Toulouse, où en plus j'aurais pu développer correctement mes sites Internet...

Par exemple : la vidéo... où 2016 marque enfin le vrai lancement de mes *.TV* pourtant réservés dès la commercialisation de l'extension, en 2007. Il était naturellement préférable de rapidement réserver salondulivre.tv ou montcuq.tv

Mais avec mon "haut débit de campagne", il m'a été impossible durant la dernière décennie de travailler en vidéos.

Voilà ainsi abordé un des sujets cause de ma mauvaise réputation lotoise ! Car dès le début des années 2000 je me suis adressé aux élus en essayant de les convaincre sur l'urgence de considérer internet, de permettre un accès décent. Il s'agissait alors de pouvoir être des acteurs du développement du web et non de simples utilisateurs comme nous sommes priés de le devenir. Je n'ai pas été entendu ! Le premier qui dit la vérité...

En 1998, Internet m'a semblé la bonne voie. En l'an 2000, j'ai acquis mes premiers sites. Cet outil me semblait pouvoir "changer le monde", briser des monopoles... Apporter de l'indépendance dans le monde de l'édition et celui de la chanson. Google a prétendu vouloir changer le monde... et il s'est finalement contenté de le réorienter à son profit en laissant le "vieux monde" y imposer son mode de fonctionnement, en échange d'une part de son gâteau. En résumé. C'est au début des années 2000 qu'internet était intéressant... J'ai affronté des murs d'indifférence. Je parlais peut-être chinois pour certains et ils se sont focalisés sur quelques phrases de mon désappointement face à un tel aveuglément, sûrement trouvées en saisissant leur nom dans leur première recherche sur google !

Désolé mais l'absence de... "politique volontariste" dans le domaine de l'Internet, restera un échec flagrant des dix années de présidence départementale de M. Gérard Miquel. Qui le conteste ?

En 2007-2008, je m'opposais à la solution "Alsatis", prétendue "haut débit". J'avais interpellé publiquement M. Daniel Maury, alors maire de Montcuq, un soir de sa dernière campagne départementale. Il s'était reconnu non-spécialiste du sujet mais l'un de ses... bras droits... un maire du canton, s'était chargé de m'étriller, sans argument mais avec l'approbation de la salle.

Le temps m'a donné raison, la solution proposée par cette société toulousaine n'était pas adaptée à notre époque. Fin 2015, j'ai enfin obtenu l'ADSL... Que de temps perdu, et d'argent public car cette mauvaise solution fut amplement soutenue par la collectivité. Mais peu importe "ils" m'en ont voulu et m'en veulent encore !

Garder sa commune se mérite... Ici les villages dépeuplés ne furent donc pas assassinés par le gros Montcuq mais victimes... comme j'ai osé un peu le décrire le 14 août devant madame la préfète du Lot, en tissant un parallèle avec le livre de Jean-Louis Le Breton primé à la même seconde que la création de la commune nouvelle... victimes d'euthanasie. Oui, c'était leur fin de vie... Ils avaient beaucoup maigri... Passant par exemple de 800 habitants à 120 en deux siècles... La loi permettant de les débrancher, le *"fossoyeur des patelins"* l'a fait.... On peut certes fustiger la méthode, dès son installation sur le siège de maire, sans même avoir essayé de rendre attractif ce territoire... mais le reproche d'inertie s'adresse également à l'ensemble de ses prédécesseurs...

La fin de vie, c'est difficile ; pour les humains notre pays reste réticent à l'euthanasie, souvent même jusqu'à l'acharnement thérapeutique... très coûteux pour la collectivité... Mais le respect du vivant, blablabla, le risque des dérives également : qui pour gérer les limites ?... Éthique...

Une fusion pour faire des économies ?

Montcuq-en-Quercy-Blanc a montré l'exemple... j'ai déconseillé cette fusion, fustigé ses principaux protagonistes. Elle est maintenant effective sans qu'il y ait eu de manifestations (même pas une musicale, de concert de poêles... de Montcuq devant la mairie) ni recours devant le Tribunal Administratif (j'avais expliqué les failles législatives et la démarche).

J'ai depuis des relations cordiales avec Messieurs Lalabarde, Piolot et Caumon. Certains s'en étonnent, certains semblent même avoir encouragé les élus à m'ignorer... comme d'autres m'ont accusé de "trahisons".

Comme moi, ces élus considèrent les désaccords normaux dans la vie. Ce qui ne doit pas empêcher, surtout quand on vit dans la même commune, de se retrouver sur certains sujets, et alors de « regarder dans la même direction. » Qui plus est, je ne les ai jamais considérés comme des "adversaires", cette notion de militants politiques. Je ne suis pas "un politique". Et justement ces trois hommes ont dépassé la soixantaine et leur engagement municipal a succédé à une vie professionnelle... Peut-être une raison, de leur côté, de leur « ouverture d'esprit. » Ils me semblent même, s'il fallait les classer sur l'échiquier des convictions nationales, devoir figurer sur des cases différentes...

Bref, passées ces précisions, j'ouvre le dossier... Car naturellement je n'ai pas perdu mon « esprit critique » en organisant un salon du livre !

En avril 2015, dans *la Vie Quercynoise*, *"Une Commune Nouvelle en devenir autour de Montcuq"*, Patrice Caumon, maire de Valprionde et coordinateur du projet, développait :

« *- Autrement dit, il s'agit d'unir les forces pour réaliser à plusieurs ce qui n'est pas possible en restant seul ?*
- Pour avoir une marge de manœuvre, il convient en effet de se rapprocher d'autres communes et de mutualiser nos services. En effet, le coût de gestion est quasiment le même pour l'ensemble des communes de 500 à 1 000 habitants. D'où la solution du

rapprochement pour rentabiliser les services et faire baisser leurs coûts. »

À la question « Qu'adviendra-t-il alors, des communes actuelles ? » Magnifique réponse à retenir et ressortir : « *Elles seront identifiées comme territoire, un peu à la manière d'un quartier de grande ville, avec leurs bureaux de vote, leurs permanences régulières pour les habitants. Dans un premier temps, les communes deviendront communes déléguées jusqu'aux prochaines élections dans cinq ans.* »

Fin 2015, Alain Lalabarde, maire de Montcuq, candidat à celui de Montcuq-en-QB, dans le même hebdo : « *Au-delà de l'aide financière supplémentaire de l'Etat, ce qui nous a fait engager, en faveur d'une Commune Nouvelle regroupant cinq communes, a été l'envie de travailler ensemble, en faveur du développement de notre territoire, et de générer des économies.* »

La fusion c'est plus économique, quoi ! Le Compte-rendu du Conseil Municipal de Montcuq en Quercy Blanc du 5 juillet 2016 constitue ainsi un "édifiant" exemple :

« Vu le tableau des effectifs au 1er janvier 2016

Compte-tenu

1) de la création de la Commune nouvelle, il convient de renforcer les effectifs du service technique suite à un surcroit d'activité

2) de l'ouverture d'une ALSH, il convient d'augmenter le temps de travail des 3 agents qui y sont affectés

3) de l'ouverture d'une 4eme classe à l'école primaire, et de l'augmentation des effectifs à la cantine et à la garderie

4) de l'admission au concours d'ATSEM d'un agent de l'école maternelle

Le maire propose à l'assemblée les créations d'emploi suivantes :

- 1 poste d'adjoint technique 2eme classe - 35 H - au 01/09/2016
- 1 poste d'adjoint technique principal 2eme classe - 33 H - au 01.09.2016

- 1 poste d'adjoint technique 2eme classe - 29.5 H - au 05.07.2016
- 1 poste d'adjoint technique 2eme classe - 29.5 H - au 01.09.2016
- 1 poste ATSEM 1ere classe - 35 H - au 01.09.2016

Le conseil municipal après en avoir délibéré, à l'unanimité, décide. »

Naturellement, "c'est bon pour l'emploi". Vu de ce côté là, effectivement, mais la motivation de la fusion prétendait économiser et ces emplois ne seront pas éternellement financés par le bonus de l'état...

Hé oui « *Compte-tenu de la création de la Commune nouvelle, il convient de renforcer les effectifs du service technique suite à un surcroit d'activité.* » On peut d'ailleurs presque parler d'excès de zèle dans l'entretien des cimetières et des places... Avant, le bénévolat réalisait ces modestes travaux... La ruralité c'est également l'attachement à "son clocher" et une implication dans l'entretien du lieu de vie...

Quant aux routes, elles restent délabrées...

Quant aux bureaux de vote, dans la même séance : « Suite à la création de la Commune nouvelle de MONTCUQ EN QUERCY BLANC, il convient de procéder à la désignation des bureaux de vote et des emplacements d'affichage à compter du 1er mars 2017 sur le nouveau territoire communal.

La circulaire NOR/INT/A/07/00123/C du 20 décembre 2007, relative au déroulement des opérations électorales lors des élections au suffrage universel direct, préconise de ne pas excéder, autant que possible, le nombre de 800 à 1000 électeurs inscrits par bureau de vote.

La ville de MONTCUQ EN QUERCY BLANC pourrait avec 1371 électeurs sur la liste principale et 93 électeurs sur la liste complémentaire, soit un total de 1467 électeurs, compter deux bureaux de vote, mais aussi conserver 1 bureau de vote dans chaque commune déléguée.

Le conseil municipal, après en avoir discuté et délibéré, à 42 voix pour, 1 voix contre et 1 abstention, approuve la création de quatre bureaux de vote répartis comme suit :

1 Mairie de MONTCUQ EN QUERCY BLANC 1037 électeurs du secteur de Montcuq et Valprionde.

2 Mairie annexe de Belmontet 138 électeurs du secteur Belmontet.

3 Mairie annexe de Sainte-Croix 55 électeurs du secteur Sainte-Croix.

4 Mairie annexe de Lebreil 141 électeurs du secteur Lebreil.

Ainsi la mairie de MONTCUQ EN QUERCY BLANC dépassera les 1000 électeurs et à ceux de Montcuq s'ajoutent les plus éloignées des communes déléguées. Ils devront ainsi se déplacer de 10 kms. Le coordinateur a sûrement voulu montrer l'exemple. Quant aux autres maires délégués, ils semblent avoir résisté. Est-il nécessaire de conclure avec la voix de Charles Pasqua reprenant l'oublié Henri Queuille « *les promesses n'engagent que ceux qui les écoutent* » ?

Mais lors d'une réunion publique fin 2016, si cette obligation fut décriée, personne pour ressortir l'engagement... Ah les sans-mémoire !

Cinq fruits et légumes par jour... combien de pesticides ?

Les pesticides, c'est pratique : ça permet d'obtenir de nombreux beaux fruits... et naturellement aucun pesticide n'est dangereux pour la santé...

Aucun pesticide absorbé à "une dose raisonnable" ne cause la mort dans les 48 heures !

Aucun pesticide absorbé à "une dose raisonnable" ne semble même pénalement responsable d'une maladie mortelle à quelques dizaines d'années...

Quant à l'accumulation de pesticides dans l'organisme, aucun fabriquant ne peut naturellement être déclaré responsable des effets ! Aucune multinationale n'est responsable du cocktail final.

Après tout, ce n'est pas la faute des vendeurs si l'on retrouve dix-sept traces de pesticides sur votre grappe de raisin.

Ce n'est même pas la faute du viticulteur simple producteur consciencieux et déversant des produits autorisés.

Et personne ne peut être responsable si vous mélangez le pesticide A des fraises et le pesticide B des cerises alors qu'aucune étude n'avait à vérifier les conséquences de ce cocktail dans un organisme humain...

Bref, si vous souhaitez manger cinq fruits et légumes par jour... ayez un verger et un jardin !

Sinon, c'est risqué... Certes, peut-être pas plus que le poisson à l'uranium...

Aucune loi n'interdisant à l'agriculteur calfeutré dans son gros tracteur de déverser des pesticides à la porte des maisons, pas même à la porte des écoles... Il faut donc une loi pour interdire ces pratiques.

Aucun pesticide ne doit pouvoir être déversé là où il peut atteindre des humains... Comment accepter des routes vicinales où de joyeux cyclistes sont attendus après le virage par un nuage létal ?

Ecole devenue Albert Châtelet...

J'ai grandi à Huclier, dans le Pas-de-Calais et prenais le bus blanc matin et midi pour me rendre à l'école de Valhuon. Elle a depuis été rebaptisée Albert Châtelet... Il l'avait inaugurée... À cette époque, personne ne m'en avait causé de ce monsieur : il existait un lycée portant son nom à St Pol...

Albert Châtelet, né le 24 octobre 1883 à Valhuon, mort le 30 juin 1960 à Paris : homme politique et mathématicien.

Après une très honorable carrière, professeur de mathématiques générales... doyen de la faculté des sciences de Lille... recteur de l'Académie de Lille... directeur de l'enseignement du second degré... On le découvre candidat de l'*Union des forces démocratiques* à la présidence de la République le 21 décembre 1958, la première de la constitution de 1958, la seule de notre Cinquième République hors suffrage universel direct...
81 764 Inscrits. Des "grands électeurs" (parlementaires, conseillers généraux, représentants des conseils municipaux).
81 290 Votants. 79 470 votes valables.

Cette *Union des forces démocratiques,* "cartel électoral" mis en place en juillet 1958 par des organisations politiques, syndicalistes et associatives, une gauche non-communiste opposée au retour du Général de Gaulle, ayant appelé à voter NON lors du référendum du 28 septembre 1958, avait opté pour une candidature symbolique... Pierre Mendès France et le jeune François Mitterrand laissaient donc la place à une "personnalité de la société civile", de 75 ans...

Charles de Gaulle (*Union pour la nouvelle République*) 62 394 voix soit 78,51%.
Georges Marrane (*Parti communiste*) 10 355 soit 13,03%.
Albert Châtelet (*Union des forces démocratiques*) 6 721 soit 8,46%.

Ma candidature ne répond à aucune logique politicienne ni nécessité de mesurer une capacité de nuisance en vue des législatives...

J'ai déjà été candidat : à la sacem. Mais dans la musique non plus, je ne suis pas du côté de l'oligarchie, donc ma candidature se limita à une vague commission, et non au Conseil d'administration.

À la sacem, "les pauvres" sont statutairement interdits de prétendre au Conseil d'administration, et n'ont qu'une voix... quand les oligarques en possèdent seize. Le livre "*La sacem ? Une oligarchie*" n'a suscité aucune chronique. Même pas une citation de Jean-Luc Mélenchon.

Naturellement y figurait un sketch intitulé "*44 472 733 inscrits*", déposé à cette même société des auteurs en janvier 2010.

44 472 733 inscrits

Aux élections présidentielles d'avril et mai 2007, nos listes électorales comptaient 44 472 733 inscrits.

Chacun avait, naturellement, une voix. Nous sommes presque dans l'obligation d'ajouter naturellement, pour signaler cette égalité un ou une inscrit, une voix.

Nul ne doute que, la France recelant de nombreux chanteurs engagés, des auteurs compositeurs interprètes louangés pour leur grandeur d'âme et leur sens civique, nos Renaud, Souchon, Cabrel, Bruel, Carla Bruni et les autres n'hésiteraient pas à mettre leur vie en jeu pour oser chanter, défier le pouvoir, si un jour la loi électorale venait à changer. Même si elle changeait au Chili, il devrait se trouver en France des chanteurs assez courageux pour hurler leur indéfectible soutien à la démocratie.

Imaginez que sur plus de 44 millions d'électrices et électeurs, un million cinq cent mille, les 3% les plus riches, aient droit à 16 voix par votes. Quant aux 43 millions insuffisamment fortunés, ils auraient, quand même, droit à leur petite voix par membre de cette grande communauté.

Qui plus est, dans cette élection nouvelle formule de notre président de la République, les un million cinq cent mille membres de l'oligarchie, les 3% pourvus de 16 voix par nez, recevraient les bulletins de vote chez eux, avec la possibilité de voter par correspondance.

Quant aux citoyens de seconde zone, ils devraient d'abord, par tout moyen à leur convenance, s'informer de la date de l'élection et se rendre à Neuilly, par tout moyen à leur convenance, et là y déposer un bulletin dans l'urne. A voté !

Vous me direz, il y aurait une révolte des 43 millions d'électeurs qui se mobiliseraient car leurs voix cumulées dépassent, malgré tout, 16 fois un million cinq cent mille, donc ils peuvent prendre le pouvoir, rétablir ou établir la démocratie. Pas fous, les oligarques : pour être candidat à la présidence de la république, il faudrait être membre de l'oligarchie.

Nos chanteurs en perdraient la voix, devant une pareille confiscation de la démocratie ?

Pourtant, nous ne les entendons jamais, nos chanteurs millionnaires, dénoncer le fonctionnement de la sacem où une oligarchie d'environ 3% des membres, a ainsi confisqué le pouvoir lors de l'élection de son Conseil d'Administration qui définit la politique de la maison, qui se fait naturellement au mieux des intérêts des 120 000 membres, nous n'en doutons pas ! Comme toutes les dictatures l'ont affirmé, les oligarchies sont éclairées. Et tout déviant prétendant le contraire doit être rééduqué !

Fin du sketch officiel, suite des aventures :
Dans "Le magazine des sociétaires Sacem mai-août 2012" je souris en lisant une grande publicité :

« Certaines élections ne font pas autant
de bruit que les autres.
Elles n'en sont pas moins importantes...

L'assemblée générale annuelle de la Sacem a lieu le mardi 19 juin 2012 à 14 h 30 au siège de la Sacem, 225 avenue Charles-de-Gaulle, à Neuilly-sur-Seine. »

Un livre : *La sacem ? une oligarchie !* de... Stéphane Ternoise

« Je demande simplement la démocratie là où une oligarchie accapare tous les pouvoirs : à la sacem ; ils sont environ 5 000 sur 153 000 membres à s'être octroyé le droit d'être candidats au Conseil d'Administration et dans les Commissions essentielles.

Comment la voix de la sacem pourrait efficacement défendre le droit d'auteur contre les « grandes puissances financières » dénoncées par son Président alors qu'il est lui-même l'élu d'une minorité aisée ?

Nous avons besoin de démocratie et non d'une oligarchie, même "éclairée"... »

Pour les présidentielles, c'est un peu moins fermé... mais comment obtenir 500 signatures sans écurie ?

Je n'ai qu'un livre face "au monde entier"... Tu n'as pas à être candidat !

Je les imagine aisément me balancer :
- Tu n'as pas à être candidat ! Tu n'es pas membre d'un parti ! Tu ne respectes pas les codes.
Il y a des règles en politique. D'abord il faut savoir de où l'on est... Soit l'on ne t'entendra pas, et ta candidature restera comme un de tes actes ridicules car non préparés, individualistes ; soit tu réussiras à acquérir une audience et c'est pire : tu vas faire perdre des voix au camp du progrès. Rejoint Jean-Luc Mélenchon, si vraiment tu veux être utile. Ou lance-toi dans les primaires de gauche... Adhère à un parti au moins et propose ta candidature...

Je les imagine facilement. Leur vieille politique est tellement ridicule.
Je suis candidat aussi car aucun des candidats en 2007 et 2012 ne portait cette question rurale et le saccage atteint un niveau irrespirable. Il n'y a pas de place dans les partis pour une telle préoccupation. Certes, elle peut susciter quelques propositions... mais noyées dans un magma qui de toute manière les rendra inapplicables si elles témoignent de bon sens.

Nous en sommes là, au besoin de bon sens.

Une interview de référence...

La page 3 de *la Vie Quercynoise* du 5 novembre 2015, est consacrée au livre « *Les villages doivent disparaître !* » Une longue interview à laquelle même les installés arc-boutés dans la censure de mes écrits, à cause de quelques phrases peu aimables à leur égard, ont dû reconnaître "quelques qualités"...
Jean-Claude Bonnemère, le rédacteur en chef de cet hebdomadaire devenu la référence lotoise, m'a laissé le temps d'exposer des idées...

J'y reprenais mon parcours « J'ai grandi dans un village, du nord de la France, moins de cent habitants. Puis erré en villes pour les études et une activité professionnelle "classique" (informatique dans le domaine des assurances) et à 25 ans, décidant de consacrer vraiment ma vie à la littérature, ma recherche d'un endroit "bien et pas cher", c'était forcément dans un village... Je me sens viscéralement "de la campagne." Ainsi quand la nouvelle loi sur les communes nouvelles fut déposée en « procédure accélérée » le 10 octobre 2014, je l'ai suivie... Peut-être sentais-je même le pressentiment d'être rapidement concerné... »

Pourquoi avoir publié en 2015 sur ces communes nouvelles ? La réponse peut s'adapter à cette candidature présidentielle : « Je me suis dit "si tu ne le fais pas, personne ne le fera !" 99% des élus du Parlement et du Sénat, me semblaient tellement éloignés des préoccupations rurales et le sujet n'est sûrement pas suffisamment porteur pour nos "grandes plumes" nationales... »

Ma compréhension du processus de fusions-absorptions, soutenu par des citadins, porte naturellement en germe cet engagement : en suivant les débats parlementaires quelques phrases m'ont marqué, comme M. Alain Tourret avouant au Parlement le 31 octobre 2014 : « *Nous devrons faire preuve de beaucoup de courage et de ténacité, car la résistance des élus locaux, que l'on semble pour l'instant tenir pour négligeable, sera vraisemblablement très forte.* »
Il s'agissait bien de trouver les moyens d'imposer des fusions à

des personnes qui n'en voulaient pas ! Car la loi 2015 ne change pas grand chose à celle de 2010, suivie d'effets très réduits, comme le résuma M. Marc Dolez : « *seules treize communes nouvelles ont été créées. C'est probablement la preuve que le regroupement de communes n'est pas perçu par les élus locaux comme une réponse adaptée aux difficultés auxquelles ils peuvent être confrontés, en particulier dans les plus petites d'entre elles.* » La différence 2015, le piège 2015, c'est qu'elle fut associée à une baisse de dotations, sauf si les communes fusionnent (en devant atteindre plus de 1 000 habitants)... Alors là : +5%... durant 3 ans. La ficelle est grossière mais la carotte peut allécher des maires. Le problème, c'est également l'exigence de "faire vite" pour être en place au 1er janvier 2016. Ainsi je craignais des fusions d'opportunisme, ou dogmatiques, sans réels projets... Naturellement, il y eut une seconde brouette pour 2017.

« - Votre livre appelle à un réveil démocratique ; pourquoi la création d'une commune nouvelle constituerait selon vous un déni de démocratie ?
- Quand des conseils municipaux élus en 2014 sur le projet de "faire vivre" leur commune décident en 2015, sans demander leur avis à la population, de rayer deux cents ans de pratiques républicaines précédées de centaines d'années d'un regroupement proche sous le terme de paroisses, que reste t-il de la légitimité démocratique ?
Les communes furent créées par la Révolution et nous célébrons encore la nuit du 4 août 1789, l'abolition de la féodalité et des privilèges. Les privilèges étaient rentrés par la fenêtre, la féodalité semble passer par la porte. Oui, je sens souffler un vent de féodalité sur notre pays, que ce soit les "grandes régions" décidées d'en haut, les intercommunalités, certaines réellement mises en place en 2014 (comme celle du Quercy Blanc), qui devraient fusionner, et bientôt des mégamaires inconnus des masses, chargés de collecter l'impôt.
Comment vont se dérouler les prochaines élections municipales

si nous parvenions à une "France magnifique" sans commune de moins de 1000 habitants ? Partout, des listes, où naturellement les partis seront les mieux placés pour une campagne professionnelle. Quant aux citoyens ordinaires, ils pourront constituer le quota de "la société civile" des "listes ouvertes".

Les partis politiques, longtemps piliers de la démocratie, voudraient la confisquer ? Tout élu "de pouvoir" devra appartenir à un parti ? Ce qui permettrait également d'éviter une candidature aux présidentielles d'éléments incontrôlés (500 suffrages d'élus nécessaires) et contrôler l'élection des sénateurs... »

Il s'agit sûrement de la dernière élection présidentielle où un candidat "vraiment de la campagne" peut s'agiter...

Je suis un élément incontrôlé ! Obtiendrai-je 500 signatures ?

"Les villages doivent disparaître !" constitue désormais ma meilleure vente. Mille maires l'auront lu avant de pouvoir noter mon nom ? Je pourrais alors espérer obtenir 500 parrainages ?

C'est "impossible", ce serait "extraordinaire", l'indifférence reste le plus probable, ailleurs, en villes, mais également à la campagne, et encore plus ici.

J'aurai des difficultés à obtenir des parrainages et en plus ne suit pas parrainé, les clans ne mettront pas à ma disposition leurs "réseaux". Vous n'allez quand même pas élire un candidat sans formation politique !

Faire vivre la démocratie : donner à chacune et chacun, là où il se trouve, l'envie de s'impliquer dans la vie collective.

Ce qui peut sembler évident mais les élus "ont tendance" à confisquer la démocratie dès leur installation, à se croire la démocratie, avec pour seul objectif une réélection nullement basée sur la reconnaissance du travail effectué mais la tentative de persuader les électrices et électeurs qu'avec d'autres ce serait pire, qu'au moins eux connaissent les dossiers...

Campagne : agriculture... et culture !

Une agriculture respectueuse de l'environnement, des humains, des animaux, c'est pourtant possible, surtout dans un pays en surproduction, dont les excédents servent le plus souvent à fragiliser l'agriculture des pays "en voie de développement"...

Un territoire où culture et agriculture s'allient harmonieusement... Est-ce possible ? Les rustres et les intellectuels s'opposent forcément... Mais nos nouveaux paysans ne sont plus des "arriérés"...

Le Front National a naturellement senti le poids électoral du mécontentement des campagnes, et aspire le troupeau des fidèles et fatigués électeurs d'une gauche indigne, encore parfois retenus par des états d'âme...

Cette gauche a tellement trahi ses "idéaux"... Comme si les Cahuzac en avaient des états d'âme !

Cette gauche s'est tellement contentée de se prétendre "la culture" tout en censurant, de fait, tout ce qui ne la servait pas.

Il ne faut pas écrire cela, pensez à la République en danger...
C'est fini, un front républicain dans lequel peuvent figurer... des hommes avec lesquels aucun dialogue ne semble possible, figés dans une posture où toute contradiction, même et surtout si elle se soucie du bien collectif, sera décrétée agressive. Dans le nord, je vous invite à lire "*Rose Mafia*", confession de Gérard Dalongeville, ancien maire de cette bonne gauche d'Hénin-Beaumont... municipalité depuis passée au Front National...
Hénin-Beaumont justement où l'agitateur inconsistant M. Mélenchon avait prétendu être le meilleur rempart au FN lors des législatives 2012 mais ses 21,48 % laissaient loin devant Mme Le Pen avec 42,36 %...

Jean-Luc Mélenchon, le candidat anti oligarchie ? Crédible ?

Jean-Luc Mélenchon : « *Mon ennemi, c'est l'oligarchie !* » Tintintin !!! Publié le 29 avril 2016 par le web *Nouvel Obs*. Naturellement, à quelques mots près je peux approuver :

« *- Le clivage gauche-droite se brouille, et certains responsables politiques appellent à le dépasser. Ce clivage vous semble-t-il encore pertinent ?*
- Nous sommes victimes du vol des mots. Quand le PS et son personnage clé, François Hollande, ont fait du mot "gauche" la pauvre chose mensongère aujourd'hui au pouvoir, comment nommer clairement ? La social-démocratie était le principal courant progressiste en Europe. Elle s'est complètement dissoute dans le libéralisme. Hollande et la queue de comète de Clinton, Blair, Schröder et Papandréou. [...]
En France, il n'y a plus de clivage entre le PS et les Républicains mais des nuances. Il y a en revanche un clivage entre la politique qui avalise la domination du capital financier et du productivisme et celle qui prône une alternative. La véritable conflictualité n'est pas représentée par les étiquettes politiques officielles. C'est la finance qui menace de mort le système mondial par sa folie. Mon ennemi, c'est l'oligarchie avec sa suite sociale : la caste. »

Tout n'est pas à jeter dans le Mélenchon... « *subversion de l'ordre politique, un partage des richesses, planification écologique... "France insoumise"...* » Alors "débarrassons-nous de l'oligarchie" ? Mais y'a la manière... Jean-Luc Mélenchon et sa cohorte de vieux communistes n'inspirent guère confiance pour une France harmonieuse... Exemple son : « *La droite veut supprimer l'ISF. Eux sont pour 1% des contribuables, nous on est pour 9 millions de pauvres.* »

Face à l'oligarchie, j'avais également publié « Agenouillez-vous devant les enculés !»
Dans de nombreux secteurs (expression préférable à "partout") des mécanismes oligarchiques se sont installés, et il se trouve toujours des complices, des collaborateurs plus ou moins zélés,

des jeunes désireux de "réussir", des vieux désillusionnés et fatalistes, prompts à s'agenouiller... pour obtenir le rang de petit chef devant lesquels "le peuple" est prié de s'agenouiller... Bon nombre s'insèrent même de bonne foi dans le mécanisme... Simplement dénoncer "des gens" n'aurait pas grand intérêt : ils sont interchangeables...

Il y eut *l'indignez-vous*, avec le grand conseil de voter François Hollande par Stéphane Hessel (il aurait préféré Dominique Strauss-Kahn mais il faut parfois réviser à la baisse ses grands élans). Puis il y eut la réalité.

Il y eut les refontes des modes de scrutins. Municipales, départementales, régionales, discrètement la vie politique est confisquée par les encartés. Naturellement, le Front National récolte ainsi de nombreux bulletins de colères.

Bientôt, les villages disparaîtront. Ils doivent se regrouper, fusionner... Les maires les plus zélés recevront des médailles et des dotations de l'état majorées (ou non minorées !) ?

Tous les pouvoirs doivent appartenir à un petit groupe uni, soudé...

Quant aux citoyens... qu'ils défilent pour montrer l'unité du pays quand on le leur demande... Rien de tel que l'adversité pour émouvoir !

Et c'est la crise ! Les pauvres doivent naturellement accepter des sacrifices pour permettre aux industries du luxe de servir une nombreuse clientèle. Notre sort est lié à celui des riches : s'ils dépensent moins nous n'aurons plus de miettes à nous partager... Non, ils ne s'expriment pas ainsi pour justifier "les sacrifices" ?

Puis il y eut les "marches républicaines" des 10 et 11 janvier 2015. Et tout s'assembla : la cohérence. Oui, nous en étions là... Avec remontée spectaculaire des bonnes opinions pour le Président sur lequel seul un pigeon déversa sa fiente. Je m'étais trompé en l'escomptant hué, vilipendé... Il le méritait pourtant... Quand deux hommes sans réelle connaissance des lieux, entrent d'abord dans un immeuble voisin, puis pénètrent chez "Charlie Hebdo", buttent le pauvre flic en service de protection et

massacrent... et ils ont même pu s'enfuir... Certes, ensuite, "force est revenue au droit"... Pas de sas de sécurité, ni d'efficace caméra extérieure, même une banque en Côte d'Ivoire semble mieux protégée que ne le furent "nos caricaturistes."
Mais l'émotion occulte la réflexion. Nos centrales nucléaires sont mieux protégées ? "On ne pouvait pas prévoir"... Y'a des questions à ne pas poser dans ces instants de recueillement... blablabla...

Et il y eut ma vie... mes confrontations aux installés... parfois l'expérience personnelle peut se transposer à l'ensemble des citoyens... EDF, Banques, notaire, sacem, ministre, président du Conseil Régional, adjoint départemental à la Culture... J'ai de "manière providentielle" découvert le fonctionnement des arrêts de travail pour un travailleur indépendant... Aucune couverture "sociale", donc nécessité de souscrire un contrat d'assurance dans le cadre de la "loi Madelin". Avant, tout se passait bien : je payais sans déclarer de "sinistre." La décision du médecin traitant n'entraîne pas forcément le versement d'Indemnités Journalières... Le paiement, c'est pas automatique ! L'assureur se réserve le droit de convoquer son sociétaire chez un "expert", nommé et grassement rémunéré par lui... donc naturellement indépendant ! J'en ai même rencontré quatre... quelques lettres recommandées ont permis de désavouer leurs conclusions... Quand on te dit de t'agenouiller... y'a peut-être la solution de vivre debout !

L'Observatoire du Bonheur

« Créé en 2010 à l'initiative de Coca-Cola France, l'Observatoire du Bonheur est une structure dédiée à l'analyse et à la compréhension des multiples représentations du bonheur.»

Certes, Coca-Cola ne réalise aucune boisson conseillée... par l'amateur de produits frais... réticent au vieux slogan *« Ouvre un Coca-Cola, ouvre du bonheur. »* Peu importe le breuvage pourvu qu'au moins un peu d'attention à la qualité de vie soit mise en valeur ?

J'avais observé en 2015 son étude *« bonheur et urbanisme. »*
La ville dans laquelle mes concitoyens aimeraient vivre « dans l'idéal » : 19% à Bordeaux, 15% Montpellier 12% Toulouse et Nantes...
J'avais surtout remarqué :
« 80% des Français qui vivent dans un centre urbain en sont heureux, mais 57% préféreraient vivre à la campagne. »
Donnée à relativiser : en même temps ils ne souhaitent pas déménager dans une cité plus petite !

« Les citoyens de 2015 veulent des commerces, des transports, des activités culturelles... et un potager sur leur toit. Ils ne sont pas prêts à partir faire du télétravail en Ardèche ! » résumait Jean-Pierre Ternaux.

Des commerces, des transports, des activités culturelles à la campagne... et si c'était possible !?
Oui il est nécessaire d'attirer des habitants pour faire vivre les campagnes...

Quelques phrases

Rendre la campagne attractive... car la vie y est plus agréable !

Aucun programme ! Et quelle politique étrangère comptez-vous mener monsieur l'utopiste !!??? Ah ah ah !

Moi Président... je serai un président fournissant les grandes orientations. "Mon parti" ne l'emportera pas aux législatives 2017 ! Moi Président... je constituerai un gouvernement avec des femmes et des hommes de bonne volonté... Et si ça ne fonctionne pas, il me restera la possibilité de dissoudre !...

À coup de lois et mesures incitatives nos élus (des villes) souhaitent vider les campagnes ! Nos charges fiscales doivent devenir aussi élevées et nos charges de vie "loin des commerces" resteront majorées... Ils veulent les transformer en résidences secondaires nos maisons ?

Ah, quel bonheur, une campagne de résidences secondaires ! Y prendre sa retraite sans redouter la promiscuité avec les "classes populaires" ? Un bon moyen de se débarrasser des pauvres ! Certes, il en faudra quelques-uns pour tondre le gazon et servir.

Quel degré d'autosuffisance un jardin constitué d'un potager et d'un verger permet d'atteindre ?

Flirter avec l'autosuffisance alimentaire grâce à un potager et un verger. Une vache communale, ce serait bien. Et un cochon ! Et chaque année, on retuerait le cochon au village !

Lu : « *un jardin de 250 m2 peut répondre aux besoins d'une famille de quatre personnes.* » Peu importent les chiffres, l'orientation prime.

Lu « *72 kilos de légumes, 75 kilos de fruits, 35 kilos de pommes de terre par an, par personne.* »

Déjà autoriser l'exploitation des espaces inutilisés... L'avenir de la France, ce n'est pas des métropoles mais des ruralités.

Il s'agit de permettre aux gens de vivre où il fait bon vivre et non de les attirer "en ville" avec des universités puis du boulot.

Certains ont rêvé des villes à la campagne, il s'agit désormais d'organiser le XXIᵉ siècle à la campagne.

Aucune intention de "retourner", promouvoir un modèle des rustres accrochés à leurs lopins de terre et fermés à toute activité non "productrice".

L'état prétend trouver "la solution" du vivre mieux en subventionnant "le logement social"... et les maisons restent vident dans les campagnes.

Quand plus de 50% des maisons d'un village sont fermées toute l'année, que fait-on ? On fusionne le village avec une ville pour masquer les chiffres ou on s'interroge sur la manière de "faire venir" des "jeunes", et non de "jeunes retraités".

Après Bernard Tapie ministère de la Ville allant offrir des ballons de foot dans les banlieues, Jean-Michel Baylet offrira des jeux de cartes dans les maisons de retraite de nos campagnes ?

Face à l'option retenue "plus de pouvoir aux métropoles", leur hégémonie économique, politique, médiatique et culturelle, les campagnes devraient déjà être unies... et elles se sentent totalement abandonnées... Tout sera fait pour rendre invisible également aux "gens des campagnes" ma démarche. Les réponses ? Je ne les ai pas forcément ! J'attends les vôtres...

Comme les banlieues, une partie de la campagne sera tentée par la radicalité sociale et politique ?

« Quand le dernier arbre aura été coupé, quand la dernière rivière aura été empoisonnée, quand le dernier poisson aura été péché, alors on saura que l'argent ne se mange pas. »
Géronimo, décédé le 17 février 1909.

Tout citoyen... blabla blabla... Mais bientôt, même pour être maire, il faudra appartenir à un parti...
Tous les pouvoirs doivent être officiellement accessibles mais confisqués par un petit groupe... l'oligarchie triomphante peut se permettre de se proclamer démocratique.

Liquider les valeurs de la Révolution Française : consacrer les privilèges d'une classe, l'oligarchie, et réduire la démocratie en éloignant les pouvoirs essentiels des citoyens, en leur donnant l'impression d'être incompétents.

Vous souhaitez manger de vrais fruits ? Plantez des arbres...
Vous n'avez pas de terre. Réclamez-en ! La terre aux jardiniers.
Le droit de posséder son lopin de terre...

Moulin de 1828 du Mas de la Bosse
Promilhanes

Ils tournent comme les ailes d'un moulin à vent mais ce sont des girouettes...

Comme un écrivain indépendant

Ma profession... Oui, je ne suis pas un professionnel de la politique, même pas attaché parlementaire ni employé "territorial", avant !
Auteur-éditeur, donc. Pauvre. "Vivre de peu" constitue ma réponse pour rendre possible l'impossible : l'indépendance dans la littérature.
Oui, j'ai déjà derrière moi deux décennies de "vie impossible", donc une candidature en plus !...

L'auto-édition, c'est légal ! Mais c'est mal vu... car si les écrivains se passaient des éditeurs, les éditeurs disparaîtraient et ils ont les moyens de se prétendre indispensables, essentiels même !

Oui, je vous cause plus souvent d'édition que flux migratoires... D'ailleurs je n'ai pas la prétention de tout décider dans ce pays si vous m'élisiez à l'Élysée ... Je trouverai bien 15 à 20 compétents dans leur domaine. Un président montre la voie, il ne donne pas de la voix sur tout et n'importe quoi.

La production industrielle de la viande a presque réussi à faire disparaître l'élevage de qualité. Qui, en France, chez les moins de 30 ans, connaît le vrai goût du cochon ?

Grâce aux contrôles administratifs, aux règlements, même dans nos campagnes il devient quasiment impossible d'acheter un vrai cochon, ayant naturellement dépassé les 150 kilos et les 365 jours de présence sur terre.

Les industriels vous emballent cela dans du plastique (qui se demande combien de particules passeront dans notre corps ?) et certifient le produit conforme à l'ensemble des normes actuelles. Soyez rassurés et contents ! L'amiante répondait aux normes. Comme les ondes s'y plient (naturellement les spécialistes ont suivi les mêmes formations, ils ne risquent pas de se poser les questions qu'un impertinent ose parfois balancer, mais comme il n'est pas spécialiste, les médias ne peuvent naturellement lui ouvrir leurs espaces, sinon les sponsors fuiront ; *faut laisser faire les spécialistes*, c'est du Léo Ferré ?...). Même Coca-Cola modifie sa formule aux États-Unis quand son produit ne répond plus aux nouvelles normes, en continuant de distribuer ailleurs l'ancien breuvage, s'il répond à leurs normes. Les industriels aiment les normes car elles les dédouanent de morale, protègent (presque toujours) des actions en justice.

Dans l'édition : 25 000 points de vente accaparés par les industriels du livre. Le livre est une industrie, sans place pour les artisans. « *Pourtant, je crois qu'une industrie culturelle aussi complexe que la vôtre ne pourra pas reposer sur ce nouveau modèle.* » Cette phrase est sortie de la bouche de notre Aurélie F. nationale alors ministre de la Culture (et de la communication), devant le parterre des éditeurs réunis par leur syndicat, le SNE.

Avant Internet, il était quasiment impossible d'acquérir les œuvres des écrivains indépendants au-delà d'un rayon d'une centaine de kilomètres où ils se déplaçaient dès qu'une chaise et une table se présentaient. Les salons du livre des campagnes, les signatures, même en librairie, quand un article dans le quotidien local augurait de ventes faciles (l'auteur les aurait obtenues en s'installant devant la mairie... mais ça ne se fait pas !)

Naturellement, agriculteur et auteur-éditeur sont des activités légales. Pourtant, il semble impossible de les exercer vraiment, tranquillement, par amour du travail bien fait. Les derniers modestes agriculteurs cumulent avec une activité extérieure ou la retraite. Culture comme agriculture, le modèle industriel a imposé son approche. Les consommateurs critiquent parfois la marchandise en rayons, alimentaire ou culturelle, mais finalement ne voient pas comment leurs modestes moyens pourraient stopper, inverser cette dérive.

Heureusement, des mouvements se forment, de vente directe, de regroupement d'acheteurs pour permettre à une exploitation « bio » de vivre. Mais bien tard : quand l'agriculture artisanale a quasiment disparu ! Consommateurs, vous avez également le pouvoir de faire vivre des écrivains indépendants !

Il n'existe aucune réelle volonté politique de permettre aux modestes de vivre décemment de leur travail. Certes, les scandales sanitaires, la montée des taux de nitrates et pesticides, incitent, parfois, à une prise de conscience, rapidement balayée par d'autres informations... Problème de l'information, dans l'alimentation comme dans le culturel. Problème de cohérence politique également : que sont devenus les mouvements écologiques ? (hé oui, il faut bien avaler des couleuvres si l'on souhaite obtenir facilement quelques élus et des places au gouvernement...)

L'information se manipule tellement facilement ! Il suffit, par exemple, de prétendre : l'auto-édition c'est du compte d'auteur pour dévaloriser les indépendants. Aurélie Filippetti s'indigne quand Wendel améliore son image avec du mécénat, et ne réagit naturellement pas à la sortie d'Arnaud Nourry déclarant dans *les Echos* « *L'auto-édition a toujours existé : ça s'appelle l'édition à compte d'auteur* » (j'ai publié « *L'auto-édition ce n'est pas du compte d'auteur, cher monsieur Arnaud Nourry, PDG Hachette Livre* » ; contribution presque invisible...)

L'édition des grandes fortunes de France

La France, pays des libertés ? À condition qu'elles soient contrôlées par des gens autorisés ! Le vent de libéralisme anglo-saxon n'a nullement balayé le « vieux capitalisme français » des relations, tellement évident lors des privatisations balladuriennes de 1986 ; il a même permis aux installés de faire peser sur les plus faibles le couperet de la mondialisation tout en conservant une opacité et des mœurs claniques, grâce surtout à la bienveillance de l'Etat "régulateur", subventionneur ou complice serait sûrement préférable.

Les grandes fortunes de France dans l'édition

« Je déteste que l'écrivain soit frustré d'une grosse partie de son travail et du fruit de son travail par des gens qui gagnent beaucoup plus que lui-même. Vous connaissez beaucoup d'éditeurs qui ont des châteaux, des hôtels particuliers etc ; voulez-vous compter sur les doigts le nombre d'écrivains qui en ont ? »

Cette réflexion, très peu connue, de Georges Simenon, je l'ai présentée pour la première fois en 1998 dans la postface « *auteur et éditeur* » du roman *Liberté, j'ignorais tant de Toi...* Fondamentalement rien n'a changé depuis Stendhal : « *l'homme d'esprit doit s'appliquer à acquérir ce qui lui est strictement nécessaire pour ne dépendre de personne.* » Mais aujourd'hui Balzac ne se ruinerait plus en voulant devenir son propre éditeur, il pourrait vivre de sa plume sans grand éditeur mondain parisien.

En 2017, malgré la prétendue bicentenaire révolutionnaire abolition des privilèges, faut-il faire allégeance aux grandes fortunes de France quand on est écrivain ?

Selon challenges.fr, Antoine Gallimard (et sa famille) était la 224ème fortune de France avec 160 millions d'euros en 2012, "naturellement" devancé par Arnaud Lagardère (et sa famille) au 170ème rang avec 345 millions d'euros.

Lagardère Arnaud ? On ne martèle pas (et il sait rester discret, simplement envoyer des satisfecit à Nourry Arnaud chargé de faire remonter du cash) qu'il est le véritable patron chez Grasset, Stock, Fayard et compagnie, le groupe Hachette Livre.

Francis Esménard (et sa famille) 296ème avec 115 millions d'euros, fondateur et patron d'Albin Michel (il en contrôle toujours les trois quarts).

Dans "la famille" d'Antoine Gallimard au sens de challenges.fr, ne figure pas "Isabelle et Robert Gallimard et Muriel Toso", *conglomérat* classé au 321ème rang des fortunes de France avec 100 millions d'euros tout rond. Le site du mensuel notait « *Ces familles, actionnaires historiques et proches d'Antoine Gallimard, conservent 38% de l'éditeur (CA : 253 millions).* »

Hervé de La Martinière, 472ème (encore 60 M€), président-fondateur (il en conserve 29%) *de La Martinière*, propriétaire du *Seuil* depuis 2004.

Jacques Glénat (et sa famille) 472ème fortune de France également. Il m'est inconnu mais il s'agit d'un grenoblois, à la tête de *Glénat Edition*, sûrement un pilier dans la BD (Chiffre d'Affaire 80 millions en 2012 avec 673 nouveautés)

Tous devancés par Pierre Fabre, au 54eme rang des fortunes françaises avec 800 millions d'euros, en 2012... et mort en 2013 avec 1 200 M € ! Plus 50% ! Vive les subventions aux groupes en difficultés ! Pour le mastodonte pharmaceutique de Pierre Fabre, l'édition semble avoir été un simple lobbying efficace, avec des "publications de vanité" pour nos grands hommes, de François Hollande à Martin Malvy.

Il faut sûrement plaindre Arnaud Lagardère tombé à 290 M€ en 2015 et pire 220 en 2016. De quoi sûrement s'attirer la mansuétude de l'anti-oligarchique Mélenchon.

Même Antoine Gallimard a perdu quelques graines : 150 M€ en 2016. 400eme au classement challenges.fr

Dépassé par Francis Esménard passé de 115 à 160 M€.

Hervé de La Martinière, je ne l'ai pas retrouvé, wikipédia affirme « *500e fortune de France avec 39 M€* » et renvoie pour justifier au classement 2016 où trône "Liliane Bettencourt et famille Meyers" à 31 200 M€ avec en petit dernier, 500e, Renaud Laplanche à 100 M€.

Il faut maintenant 100 millions d'euros pour figurer dans le TOP 500 français... Et la croissance du monde de l'édition ne peut pas rivaliser avec les golden boys du web... Raison de subventionner ces familles vouées à perdre de leur aura financier ? (relativisons avec le patron d'Albin Michel...)

Que des écrivains tenus en laisse par ce système le défendent apparaît pitoyable ou / et significatif du niveau de manipulation dans lequel baigne mon activité.

En septembre 2016, Jean-Luc Mélenchon a publié "*Le choix de l'insoumission*".

Editeur : SEUIL, une maison du Groupe La Martinière.

Hervé de la Martinière n'étant plus classé parmi les 500 grandes fortunes de notre pays, le monsieur anti-oligarchie pense pouvoir profiter de son réseau oligarchique sans se faire remarquer ni devenir la risée du web ?

Va-t-il mettre en avant sa prise de conscience ? Car en 2014, Jean-Luc Mélenchon avait "fait mieux", publiant "*L'Ere du peuple*" chez *Fayard*, du groupe Lagardère.

Bravo l'homme opposé à l'oligarchie !

L'oligarchie a les moyens d'agiter des marionnettes...

Il répondra peut-être : "les autres font pareil". Publient également dans des maisons soumises aux grands distributeurs, véritables patrons de ce milieu (Lagardère et Gallimard cumulent édition et distribution). Non, il ne répondra pas cela, car il se veut différent "des autres" ?

Les soutiens de Mélenchon ne relaieront "sûrement pas" mon analyse... Car si "le chef fait", c'est qu'il a ses raisons inaccessibles au béotien lotois ?

Naturellement, quand on ne mange pas dans la main de l'oligarchie, les livres n'arrivent pas en librairie "traditionnelle"...

Le miracle de Montcuq

Il y eut donc le premier Salon du Livre de Montcuq-en-Quercy-Blanc, le 14 août 2016... J'ai tenu malgré l'opposition frontale née au sein de l'association porteuse du projet.

Je me suis toujours méfié des militants, redoutant systématiquement des cerveaux englués dans le dogmatisme... Ainsi ce ne fut pas une totale surprise de subir des attaques staliniennes ! Je n'avais pas "l'esprit associatif" et devais trouver ma faute puis revenir devant "les camarades" avec un document expurgé sûrement de noms intolérables... Bref, l'accès au compte de l'association me fut impossible...

M. Le maire de Montcuq avait écouté ma conception du salon du livre et semble avoir observé, sans grande surprise, mes difficultés "internes" à respecter mes engagements. Mais j'ai suivi la bonne route pour la réussite de ce salon et M. Lalabarde a eu l'intelligence de ne pas s'arrêter à mes critiques sur la fusion pour « *regarder dans la même direction* »... comme je le résumais sur scène, et comme le reprit M. Jean-Claude Bonnemère dans son article au titre assez incroyable, qui plus est dans un hebdomadaire devenu "généraliste" sans renier ses origines catholiques : "*Le « miracle » de Montcuq avec le maire, l'écrivain et la préfète*".

Cette première n'a naturellement pas apporté entière satisfaction aux écrivains, forcément déçus par la faible affluence... Les têtes de la "culture locale" depuis des années furent absentes. Certains ont compris la situation, apporté une précieuse aide. D'autres, peu finalement, en ont profité pour appuyer du côté des difficultés.

Quant à l'association : le "démissionnaire" du 8 mai puis sa compagne présidente démissionnaire du 11 juin ont finalement réintégré "le groupe" après être parvenus à m'isoler... Belle victoire stratégique ! Triomphe sûrement pour ces gens dont la capacité de nuisance fut ainsi exposée. Ils ont gagné quoi ? Ont dissous "notre" association, offert le bénéfice sûrement à une autre ; une nouvelle a été créée pour gérer la deuxième édition.

36 681 communes en France. En 2015. 31 000 à moins de 2 000 habitants. Dont 3 500 même à moins de 100. J'ai grandi dans un village, j'y connaissais tout le monde. Nous étions moins de 80. Les trous perdus, faut que ça cesse ! Elles sont là, les grandes économies ! Regroupez pour économiser... Euréka, François a trouvé ! Ou "l'art" de recycler de vieilles idées... (la loi Marcellin de 1971, Joxe 1992, Sarkozy 2010)

Vous avez mené une brillante carrière au sein d'un groupe ayant su s'adapter au monde moderne, vous avez géré des rapprochements, fusions, OPA... Vous avez pris votre retraite dans une belle propriété à la campagne ? En plus de votre réussite, montrez votre talent aux pecnots !... Devenez maire et lancez la modernisation locale... Fusionnez votre commune, nous vous apportons des arguments et adapterons même la loi pour faciliter ces initiatives. N'ayez rien à craindre des réfractaires : entourez-vous de conseillers municipaux dociles et le tour sera joué...

La politique de regroupement des populations dans de grands ensembles a échoué, pourtant la cible reste les villages : ils doivent disparaître, devenir des quartiers rattachés aux grandes villes.

Ils vont inciter les villages à se regrouper, peut-être en exigeant la nécessité d'atteindre 500 habitants pour obtenir des dotations d'état décentes... Puis 1000, 2000... Une inflation de la taille minimale comme pour les Communautés de Communes... Vous pouvez rester entre paysans mais vous n'aurez même plus les moyens de payer votre secrétaire de mairie !

Un village, c'est un territoire où tout le monde se connaît, se côtoie plus ou moins ?... Inutile !

Un village va devenir une zone où certains devront parcourir plus de dix kilomètres pour se rendre à la mairie. Naturellement sans service de transport public et sur des routes en décomposition avancée. Mais à qui se plaindre alors ? La DDE !

Il existera des collaborateurs de cette "modernité" : les gentils maires qui se regrouperont, parfois même en s'affublant de l'auréole visionnaires ! Quand on se rend compte que le vent de l'histoire souffle contre soi, faut-il se retourner ? Ou avancer contre vents et subventions défavorables ?

Mais pourquoi les villages devraient disparaître ? Pourquoi ? Parce que ! Parce qu'ils ne sont pas rentables ! Parce que l'Allemagne l'a fait !

Des immenses économies peuvent réveiller les glandes... salivaires : assurances, achats groupés, fournitures scolaires... et employés municipaux... Le seul "problème" : les uniques économies réelles probables peuvent être réalisées sans regroupement... Quant aux inconvénients, la disparition de la proximité pour 90% des habitants d'avec leur mairie... Ils s'en foutent, ils vivent en villes, ceux qui souhaitent nous imposer ce modèle.

Mais enfin, vous comprenez, inutile de vous l'avouer : ainsi l'ensemble de la classe politique sera professionnelle. Des élus membres des partis politiques, comme ce serait merveilleux... Fini le bénévolat des conseillers municipaux... Et les élus pourront s'augmenter en prétendant faire des économies...
Naturellement, des sondages ne manqueront pas de prétendre que 60 ou 70 ou même 80% des françaises et des français sont favorables au regroupement des communes. La manipulation des foules est facile dans ce domaine...
Si "tout se passe bien", naturellement sans obligation officielle, les vilains irréductibles seront vilipendés et leur village privé de subventions. Quant aux premiers qui se regrouperont : des médailles récompenseront les "visionnaires"...

Le 9 octobre 2014, le Gouvernement engagea une procédure accélérée : « Proposition de loi relative à l'amélioration du régime de la commune nouvelle, pour des communes fortes et vivantes. » Y'avait urgence, c'est la crise : on tient les coupables, les bouseux !

Il faut que ça aille vite ! Le texte n° 471 fut adopté par l'Assemblée nationale le 11 février 2015. On peut par exemple y lire : « *Au cours des trois premières années suivant leur création, les communes nouvelles créées au plus tard le 1er janvier 2016 et regroupant une population comprise entre 1 000 et 10 000 habitants bénéficient, en outre, d'une majoration de 5% de leur dotation forfaitaire calculée dès la première année dans les conditions prévues aux I et II du présent article.* »

Regroupez-vous rapidement ! Et de préférence, regroupez toute une communauté de communes : « *Au cours des trois premières années suivant leur création, les communes nouvelles créées au plus tard le 1er janvier 2016 et regroupant toutes les communes membres d'un ou de plusieurs établissements publics de coopération intercommunale à fiscalité propre perçoivent une dotation de consolidation au moins égale à la somme des montants de la dotation d'intercommunalité perçus par le ou les établissements publics de coopération intercommunale l'année précédant la création de la commune nouvelle.* »

http://www.assemblee-nationale.fr/14/ta/ta0471.asp

Dans une bonne logique économique moderne, ne pourrait-on pas directement vendre les "petites communes sans intérêt" au Qatar ou à la Chine ?

Je redoute une accélération du phénomène... en 2018. Quand le nouveau président devra faire des économies et naturellement ne taxera pas les résidences secondaires !

Les résidences secondaires

Un maire de Bordeaux est naturellement une référence. Qui plus est, personne ne conteste le statut de Montaigne, écrivain à citer par un candidat à la Présidence de la République.

Arrêtons-nous à : « *sur le plus beau trône du monde, on n'est jamais assis que sur son cul !* » L'arrêt de Montaigne, le maire de Montcuq-en-Quercy-Blanc appréciera peut-être la proposition pour nos bus.

J'adapterais l'aphorisme en "vous pouvez posséder des centaines de lits votre cul n'en occupera jamais qu'un seul". À partir de quelle fortune, le chiffre devient indécent, à partir de combien de maisons possédées faut-il appliquer une fiscalité dissuasive ? Et ne venez pas me causer de "montages" pour contourner une éventuelle loi ! Derrière toute société il existe des parts, des actionnaires...

La France a trop de maisons vides et de quartiers abandonnés. Je pourrais en rajouter sur le sujet du droit au logement.

Niveau maisons vides, j'ai presque tout dit dans "*Justice j'écris ton nom*", une chanson de Blondin.

Quartiers abandonnés... Vous l'ignorez forcément, il existe dans le Quercy, donc sûrement ailleurs, des maisons jadis somptueuses, en magnifiques pierres blanches... mais plus aucune route n'y conduit, "perdues" dans une nature quasi inaccessible... Un choix de société évident.

Tellement de résidences secondaires
Fermées plus de trois cents jours par an
Y'a même des résidences tertiaires
Ouvertes quelques heures seulement
Et faudrait qu'on vive sous des ponts
Alors qu'elles moisissent leurs maisons

La France a trop de maisons vides
Tandis que des gens vivent dans les rues
Pas besoin de bâtir des pyramides
Mais ils le refusent nos élus
Seraient-ils des propriétaires
De résidences secondaires ?

La grande opacité des communautés de communes...

Analyse 2014... Peu connue... Euphémisme. Avec suite en 2016... Peut-être une raison de mon maintien dans la "liste noire" de sa Dépêche du Midi, "liste 82" naturellement inexistante, monsieur Baylet étant un homme de gauche, donc tolérant, soucieux de la liberté d'expression... Forcément ! La gauche française, merde, c'est pas du chiqué ! Pardon. Je m'égare. Par mégarde. Revenons à nos... à leurs moutons.

Dans les communautés de communes, seul le maire représente les plus petites... sauf exception... Car même si elle est souple, il existe une loi sur le non-cumul des mandats, spécifiant « *Le chef d'un exécutif local (président de conseil régional, président de l'assemblée de Corse, président de conseil général, maire, maire d'arrondissement) ne peut pas exercer un autre mandat de chef d'exécutif local.* »

Ainsi, un maire, même de Montjoi, 180 habitants, ne peut pas être président du Conseil Général du Tarn-et-Garonne. Et la loi stipule "Communes de moins de 1 000 habitants : pas de liste spécifique.

Dans les communes de moins de 1 000 habitants, les citoyens éliront leurs conseillers municipaux et leurs conseillers communautaires à l'aide d'un bulletin de vote ne mentionnant que la liste des candidats aux élections municipales. Les conseillers communautaires seront désignés parmi les membres du nouveau conseil municipal élu, suivant l'ordre du tableau (maire, adjoints puis conseillers municipaux) et dans la limite du nombre de sièges attribués à la commune au sein du conseil communautaire."

S'il n'y a qu'un élu au Conseil Communautaire, c'est forcément le maire... Donc deux sont nécessaires... à Montjoi... ainsi le président du Conseil Général pourra présider la communauté de communes des *deux rives* !

Et il en fut ainsi ! 52 délégués... et même une explication dans sa Dépêche : « *Vingt-deux communes ont deux délégués et quatre seulement ont un délégué, car il a fallu s'adapter, à la marge, à*

la dernière réforme territoriale, expliqua aux nouveaux délégués entrants Jean-Michel Baylet. Je rappelle que, si l'on avait suivi les directives, Valence-d'Agen aurait eu douze délégués... »
http://www.ladepeche.fr/article/2014/04/19/1866185-la-cc2r-a-deja-fait-sa-rentree.html

Quatre communes ont moins d'habitants que Montjoi dans cette communauté : Le Pin à 123, Perville à 123, Grayssas 128, Saint-Cirice 166. Donc un représentant, le maire.

Ensuite, de Montjoi, 180 habitants, à Lamagistère 1 132 habitants : 2 représentants ! Le maire et le premier adjoint.

Sont ainsi également soumis : Saint-Antoine 205, Sistels 207, Merles 227, Saint-Vincent-Lespinasse 227, Saint-Michel 241, Bardigues 266, Saint-Clair 274, Mansonville 276, Clermont-Soubiran 365, Espalais 409, Gasques 431, Saint-Loup 497, Castelsagrat 551, Pommevic 592, Saint-Paul-d'Espis 606, Goudourville 908, Golfech 943, Auvillar 954, Donzac 1 020, Malause 1 085.

S'agissait-il d'embrouiller ses lecteurs ? Simple coquille ?
Dunes, 1 196 habitants, n'a également que 2 représentants.
Valence, 5 143 habitants, n'a également que 2 représentants !
http://elections.interieur.gouv.fr/MN2014/082/082186.html

Deux contre douze « *si l'on avait suivi les directives.* » Faut-il applaudir ou s'indigner ?

Ainsi, de Montjoi, 180 habitants à Valence 5 143 habitants : 2 représentants ! Les uns représentent 90 habitants, les autres 2571...

28 communes : 4*1 + 24 * 2 = 52 représentants. Et personne ne s'indigne... Les recommandations ne sont pas des obligations... Les installés peuvent donc "truquer" l'assemblée suivante...

"Naturellement", le Président, Jean-Michel Baylet est aidé de nombreux "adjoints"... dont la rémunération n'est pas notée...
1er vice-président, Alexis Calafat (maire de Golfech);
2e vice-président, Jean-Paul Terrenne (maire de Donzac);
3e vice-président, Jacques Bousquet (maire de Valence-d'Agen);
4e vice-président, Christian Astruc (maire de Dunes);

5e vice-président, Gilbert Abarnou (maire de Bardigues);
6e vice-président, Jean-Paul Delachoux (maire de Pommevic);
7e vice-président, Christian Sazy (maire de Gasques);
8e vice-président, Eric Delfariel (maire de Perville);
9e vice-président, Olivier Renaud (maire d'Auvillar);
10e vice-président, Marcel Molle (maire d'Espalais);
11e vice-présidente, Francine Fillatre (maire de Castelsagrat);
12e vice-président, Marcel Bardols (maire de Saint-Vincent-Lespinasse);
13e vice-président, Philippe Longo (maire de Lamagistère);
14e vice-président, Robert Baffalio (maire de Saint-Loup); 15e vice-présidente, Marie-Bernard Maerten (maire de Malause).

Presque tout le monde est servi !

Naturellement sa *Dépêche* présentait cette dérive comme une bonne chose... Elle ne me semble pas une bonne pratique démocratique.

Quand soudain... Après sept démissions le conseil municipal de Lamagistère se trouvait en sous-effectif, et de nouvelles élections ont dû se dérouler le 6 novembre 2016... Et par ricochet la Communauté de Communes des Deux Rives ne pouvait plus utiliser la loi du 16 décembre 2010, déclarée contraire à la constitution par le Conseil Constitutionnel en 2014, pour adapter la démocratie... Une mise en conformité s'imposait... avec les 12 conseillers pour Valence d'Agen, un seul pour Montjoi... le maire normalement... Mais non ! Car le maire démissionnait de la CC pour laisser le champ libre...
Il existe toujours une solution quand on tient un système ? Avec des amis dévoués.
Ce genre d'arrangements me semble participer de la déconsidération générale des élus. Donc être néfaste pour la démocratie.
Respecter la démocratie c'est respecter ses lois mais également, quand on est élu, son esprit.

Certes, l'alternance paisible représente une grande victoire de la démocratie, une sécurité de paix sociale mais quand l'opposition ne porte plus aucun espoir, quand une oligarchie s'est installée dans l'ensemble des partis fondamentalement prétendus républicains, le vote extrémiste se banalise, monte régulièrement. Quand on se sent trahi, on peut, par dégoût, se tromper de colère.

Les femmes et les hommes politiques de ce pays m'indiffèrent de plus en plus mais leurs décisions influent tellement sur ma vie qu'il me faut bien, parfois, m'intéresser à leur modeste personne pour décoder leurs actions enrobées de sophismes.

Victime impuissante de l'eau imbuvable (eau de pluie, eau des ruisseaux...), de l'air vicié, des ondes qui nous inondent... mais il s'agit ici plus prosaïquement d'activité professionnelle. En achetant mes premiers sites Internet en l'an 2000 je fus des précurseurs de notre pays. J'aurais naturellement plongé avant si j'avais pu accéder à ce réseau. Car dès les premiers surfs, ce fut mon intention : ne pas être consommateur mais acteur de cet espace. Ensuite, s'égrenèrent des années de combats pour une connexion stable (ah ces mois où après 7 heures du matin, elle "tombait") puis les vaines demandes pour un débit décent.

Je raconte dans « *viré, viré, même viré du Rmi* », la manière dont les services de monsieur Gérard Miquel, un éminent (également sénateur) membre du PS ont balayé mon projet d'un laconique refus.

Quant au changement Chirac – Sarkozy puis Sarkozy – Hollande, seuls les amis de ces clans ont peut-être ressenti une différence dans le domaine de l'édition. Un peu plus ou un peu moins de subventions mais entre oligarques la couleur politique se dépasse : peu importe le clan pourvu que vous partagiez les valeurs claniques. Il faut bien traiter les amis de ses adversaires politiques afin que nos propres amis soient bien nourris quand viendra l'alternance. C'est devenu cela, la démocratie ! Une alternance consensuelle.

La politique et les méthodes de cette gauche, dans le domaine culturel, ressemblent tellement à celles de la droite qu'il semble qu'elles s'inscrivent non dans un consensus démocratique mais dans un consensus oligarchique.

C'est cette oligarchie au pouvoir que je récuse, refuse. Certes, j'ai l'âge où je pourrais en faire partie ! Né sans relation, en deux décennies on doit en acquérir ! Elle sert à cela, la jeunesse !

Je conserve une haute estime de la littérature et tout auteur qui la met en dessous des politiques la salit. Je ne suis pas un homme de clans, ni de coteries ni de copinages. Même si l'expression fut portée à la poésie par Brassens, elle reste une connerie : « *les copains d'abord.* ». Jean-Louis Foulquier, en la reprenant pour une émission sur *France-Inter,* témoigna, sûrement bien involontairement, de l'état du monde de la chanson. L'univers littéraire ne vaut guère mieux. Comme j'essaye, malgré tout, de continuer à proposer mes textes aux interprètes « en marge », de produire des albums qui finiront peut-être collectors, je continue à publier…

La campagne des retraités

La retraite acquise, ils déboulent, soit "reviennent" dans la maison familiale (dont ils ont hérité), soit viennent d'y acquérir une résidence (secondaire pour les plus aisés).

J'en souris, de ces ruraux dont les œufs, les fruits, les légumes et la viande proviennent du supermarché.
Ils n'imagineraient pas "avoir des poules" : c'est trop de temps à y consacrer, car ces retraités aisés voyagent ! Et ce n'est pas propre...
Le jardin, les arbres fruitiers, les pigeons : également impensables. Toujours une "bonne raison".

Je ne suis même pas (encore) un "vieux blasé"... mais à la campagne j'ai "mauvaise réputation" également pour ce style de vie...
J'ose même réclamer l'interdiction des pesticides à moins de 500 mètres d'une maison ou d'un point d'eau... Les retraités ne vont pas se fâcher avec les agriculteurs pour si peu...

Les partis politiques...

Leur utilité, leur légitimité ?
Quelles sont leurs missions ?

Les "garants" de la démocratie l'ont confisquée. Ils doivent se penser les plus habilités à la gérer, et louer une forme de "méritocratie à la française".

Méritocratie ? Pour devenir président il faut en avoir avalées, des couleuvres, avant d'arborer la mine du meilleur d'entre nous... Qui rêve d'une vie à la Fillon ?

Nos chers compatriotes, quand ils sont consultés sous cet angle, témoignent de leur envie d'un "profond renouvellement de la classe politique"... Mais au moment de voter... Dans l'isoloir les sans-mémoire... Certes, "en face", c'est souvent "pitoyable"... On vote par dépit... Oui, car en face, soit il s'agit d'un sosie ou d'une personne "non préparée"... et finalement "le professionnalisme", dans l'isoloir, fait la différence...

Pour les Fillon Mélenchon, je suis sûrement un "incapable", la capacité s'acquiert dans un parti politique...

Les partis politiques sont ainsi devenus un piège, où même les "bonnes volontés" semblent finalement prendre le masque de l'emploi...

Un mal nécessaire ? S'ils disparaissaient, la démocratie vacillerait... Il ne s'agit pas de souhaiter leur disparition mais de permettre une vie politique en dehors des partis... ou l'existence de "micro-partis" réels...

Les sacrifices

Manuel Valls, ès Premier ministre, consacré « *homme de l'année* » par un journal espagnol, *El Mundo,* lui accorda sa bonne nouvelle du 29 décembre 2014 : « *Je ne veux pas dire aux Français que, d'ici deux à trois ans, nous en aurons fini avec les sacrifices.* » Durant ces "quelques mois" : « *Nous devons faire des efforts pendant des années pour que la France soit plus forte, pour que ses entreprises soient plus compétitives et pour que son secteur public soit plus efficace, avec moins de coûts et moins d'impôts.* »

Il n'avait donc pas encore vu que certains s'en mettaient mettent mettront plein les poches ?... Ou c'est ça, la gauche ?

En février 1995, un certain Eric Dupin, dans une analyse publiée par *Libération*, certes sans grande imagination ni "visionnaire", où Edouard Balladur figurait en grand favori des présidentielles, notait, et je l'exhume uniquement pour le côté "résumé de l'époque" : « Les atouts contradictoires de Jospin.

Le candidat socialiste a l'avantage d'être, dès l'aube de sa campagne, le champion identifié de la «gauche mesurée», autant ouverte que modérée. Il réussit également à décrocher la première place des intentions de vote dans deux autres catégories de la gauche plus râleuse, que le PS avait fini par dégoûter dans une assez large mesure.

C'est le cas de la «gauche de résistance», accrochée à ses acquis sociaux et qui ne veut plus entendre parler de la ritournelle des sacrifices censés préparer des lendemains chantants, où Jospin devra tout de même repousser des concurrences venant de sa gauche comme de sa droite. Un exercice du même ordre mettra le candidat socialiste aux prises avec les états d'âmes bien compréhensibles de la «gauche désabusée». »

Edouard Balladur, mais si... l'homme, dès son arrivée à Matignon, en 1993, demanda des sacrifices « *à tous les Français* » en précisant « *nous essayerons qu'ils soient équitables et bien répartis, mais nous n'avons pas le choix* ».

Y'a du fric pour les gentils... auteurs...

Le système de l'édition à la française tient en s'inféodant de nombreux auteurs... Les agenouillés sont parfois récompensés... Soit je vais vous lasser avec mes histoires d'édition soit désormais vous éviterez les produits de l'oligarchie...

Et naturellement, vous répondrez à ce livre par des commentaires sur votre domaine, avec des phrases où reviendront probablement "c'est la même chose dans..." et, entre nous... ce bouquin peut devenir le plus lu de mon catalogue... alors autant vous sensibiliser à ce sujet...

Le *Centre National du Livre* est, selon la dénomination officielle, un établissement public à caractère administratif placé sous la tutelle du ministère de la Culture.

Le CNL se présente comme le soutien financier de l'ensemble de la chaîne du livre : auteurs, éditeurs, libraires, bibliothèques.

Il est bien écrit "*les auteurs*" mais il semble préférable de comprendre "certains auteurs."

La partie "les Aides aux auteurs" du site http://www.centrenationaldulivre.fr précise que les auteurs d'expression française devront attester d'un caractère professionnel... qui s'obtient, selon le CNL, « *par des publications à compte d'éditeur.* » L'indépendance ne doit pas exister en France ?

Ainsi, un auteur éditeur indépendant, même s'il vit difficilement de sa plume, n'aura pas droit aux bourses quand un notable parvenu à "être édité" peut y prétendre, même si ses ventes plafonnent à trente-huit livres (selon les chiffres publiés dans la presse, madame Christine Boutin n'aurait pas dépassé cette barre avec « *qu'est-ce que le parti Chrétien-Démocrate ?* », publié chez l'*Archipel*).

De nombreuses carottes allèchent les écrivains et certain(e)s remplissent efficacement les dossiers : la Bourse Cioran (12 000 euros), des bourses d'écriture dont l'objectif est de « *permettre à un auteur de dégager du temps libre pour mener à bien un projet d'écriture* » (on a le droit de sourire... effectivement tout artiste se bat contre le temps pour gagner des heures utiles), des crédits de préparation (« *participation au financement de frais occasionnés par un projet d'écriture* » ; suffisamment vague pour permettre de nombreuses appréciations), des crédits de résidence (pour des écrivains accueillis dans des résidences... ce qui n'est peut-être pas très utile pour un auteur mais lui permet parfois de connaître du pays et collectionner des aventures pas forcément littéraires).

Les aides aux éditeurs sont encore plus nombreuses !

Le CNL souhaite « *contribuer au maintien et au développement de l'édition d'ouvrages de qualité et de vente lente en langue française.*

Tout éditeur en langue française, quel que soit son statut juridique, peut bénéficier d'une aide.

L'édition à compte d'auteur est exclue du champ des aides. »

Sur le papier l'auteur éditeur n'est pas exclu. Je n'ai jamais obtenu d'aide du CNL. Ni d'ailleurs, il est peut-être inutile de le préciser. Je suis pourtant en ventes très lentes ! Ou est-ce un problème de qualité ? Ils lisent les livres avant subventions ?

Il existe les subventions pour la publication (qui accompagne, naturellement « *la prise de risque économique d'un éditeur en faveur d'une production éditoriale de qualité* »), les subventions pour la traduction en français d'ouvrages étrangers, les subventions à la création et au développement de sites collectifs d'éditeurs et de libraires (l'idée que des auteurs créent un site individuel professionnel ne les a sûrement pas effleurés), les subventions exceptionnelles à la réimpression, les subventions pour la création d'une édition multimédia ou d'un projet numérique innovant (pour « *les éditeurs qui souhaitent réaliser une édition multimédia ou un site compagnon ou un projet innovant de diffusion numérique* » ; un *"site compagnon"*, formule d'un poète subventionné par le CNL ?), les subventions pour la numérisation rétrospective et la diffusion numérique de documents sous droits, les subventions pour la préparation de projets collectifs lourds, les subventions pour la prise en charge des coûts iconographiques, les subventions pour la traduction d'ouvrages français en langues étrangères, les subventions pour projets d'édition numérique (pour « *les éditeurs qui souhaitent numériser des ouvrages de fonds, en vue de proposer à titre payant des contenus en ligne ou sur d'autres supports numériques* » ; il coule à flots, le fric pour le numérique de certains !)

Et si les subventions ne suffisent pas, les éditeurs peuvent demander des prêts : prêts à la publication d'ouvrages, un prêt à taux zéro « *destinée à constituer un apport en trésorerie à un éditeur* » et des prêts économiques aux entreprises d'édition dont le taux n'est pas signalé mais destiné à « *accompagner le développement et favoriser la pérennisation des éditeurs indépendants.* » Le CNL semble tenir pour les éditeurs un rôle similaire à celui de l'Europe pour les agriculteurs.

Alors, pour décider de ces subventions, il existe naturellement de nombreuses commissions.

C'est un pouvoir dans la littérature.

La présentation officielle :

« *Réparties par discipline, les commissions sont composées de plus de 200 spécialistes indépendants nommés pour trois ans par le Ministre chargé de la culture, sur proposition du Président du Centre national du livre.* »

Je n'ai donc aucune chance de figurer dans l'une de ces commissions : ne connaissant ni le Président du Centre national du livre ni notre Ministre prétendu(e) de la culture ; qui plus est, aucun temps à perdre, même et surtout dans la gestion de « relations utiles. »

De nombreuses professions représentées : « *écrivains, universitaires, journalistes, chercheurs, artistes, traducteurs, critiques, éditeurs, libraires, conservateurs, animateurs de la vie littéraire.* » (non, il ne s'agit pas de l'appel de Coluche lors de sa candidature présidentielle)

Et ces gens travaillent, enfin pré-subventionnent, ils « *se réunissent généralement trois fois par an pour étudier les demandes de subventions, de prêts ou de bourses et donner au Président du CNL un avis sur l'attribution des aides.* »

On le comprend : ces gens-là ne souhaitent pas perdre leur petit pouvoir à cause d'un appel à moins de concurrence déloyale entre les écrivains / éditeurs subventionnés et les autres. J'ai créé en 2005 http://www.nonauxsubventions.com pour dénoncer cette culture subventionnée qui asphyxie les initiatives individuelles.

Je ne lis pas toutes les péripéties du CNL. Quelque part, ça ne me concerne pas. Quand j'avais un rôle plus médiatique, avec http://www.lewebzinegratuit.com, j'avais repris un numéro consacré à l'édition, de *Lire*, en mars 2005, où Daniel Garcia signait un article intitulé « *Ces auteurs qui vivent de l'argent public.* »

Un extrait très significatif :

« *En 2004, 307 [bourses aux auteurs] ont été allouées pour un montant total de 2,9 millions d'euros. C'est à la fois peu et beaucoup. Ces bourses, en effet, ne constituent ni une aide sociale, ni une substitution de droits d'auteur, ni une quelconque récompense. Elles sont destinées à « permettre de souffler» à des auteurs qui ont fait leur preuve - et ont un métier à côté. Sauf que ce beau principe a été dévoyé dans les faits. Votées par des commissions spécialisées par disciplines (poésie, romans, sciences humaines et sociales, etc.) qui réunissent une vingtaine de membres (eux-mêmes auteurs), ces bourses ont fini par échapper à tout contrôle. En 1996, un rapport confidentiel de la Cour des comptes avait déjà épinglé un manque de transparence flagrant dans leur attribution. Verdict confirmé par un audit privé, lui aussi confidentiel, commandité par Eric Gross au début 2004. Il y avait donc urgence à remettre de l'ordre dans un système accaparé par des apparatchiks de l'intermittence littéraire.* »

Pourquoi ne pas insister ? Un autre extrait. Que Daniel Garcia en soit remercié : « *l'argent du contribuable doit-il encourager la paresse ? Servir d'ascenseur à la médiocrité ? Rimbaud aurait-il exigé d'être subventionné ? Rappelons que Julien Gracq, dont le premier livre, Au château d'Argol, paru en 1938, s'était royalement vendu à 300 exemplaires l'année de sa sortie, a travaillé jusqu'à l'âge de la retraite pour se préserver des contingences financières. Ce qui ne l'a pas empêché de produire l'œuvre que l'on sait, sans jamais rien réclamer. »*

Aucun changement fondamental de 1996 à 2005. Pourquoi y en aurait-il en 2017 ? Un pantin de l'oligarchie remplace l'autre.

Le microcosme des subventionnés reste un pouvoir littéraire. Il existe donc des spécialistes de la chasse aux bourses, subventions, aides et avantages divers. Marie N'Diaye n'hésite pas à dénigrer la France, elle n'ira sûrement plus se servir à ces mangeoires grâce à son prix Goncourt mais elle aurait pu ne pas oublier avoir bénéficié d'un séjour de presque un an à la Villa Médicis de Rome (avec 3200 euros mensuels d'argent de poche) et de la bourse Jean Gattégno, notée, sur le site du CNL, de 50 000 euros.

Désormais les bourses sont attribuées sur des critères objectifs, sans copinage ni retour d'ascenseur ? Vous y croyez ?

Le budget et les listes des subventionnés du *Centre National du Livre* sont communiqués... mais il faut fouiner pour les dénicher...

En 2011, le budget du CNL était de 45,55 millions d'euros et 187 créateurs littéraires se sont partagés 1 613 500 euros. Donc silence les auteurs, comme ces 187 élus vous pouvez manger au râtelier des aides... Oui, chiffres 2011, collectés pour une précédente étude... pas l'envie d'actualiser : dans ce domaine également le mandat Hollande aurait été un quinquennat pour rien.

45,55 millions d'euros ! *« Ces recettes proviennent à 79% de deux taxes, soit 36,06 M€, suivant une courbe tendancielle déjà ancienne à la concentration et qui se continue ici (+ 2 points). La première de ces taxes, portant sur l'édition (0,2% des CA excédant 76 300 €), atteint 5,32 M€, marquant une augmentation conjoncturelle de 5,6% (soit +0,28 M€) en raison des bons résultats de la filière sur l'exercice. La deuxième, portant sur les appareils de reproduction et d'impression, bénéficie d'une amélioration structurelle de 9,2% (soit + 2,59 M€) sous l'effet du relèvement de son taux, à partir de 2010, de 2,25% à 3,25% : elle atteint ainsi 30,74 M€ »*

Donc même l'argent des auteurs inféodés à l'édition classique (les 0,2% des CA excédant 76 300 €, ce sont bien des sommes collectées sur les ventes de leurs livres), ces 5,32 millions d'euros ne reviennent pas aux auteurs... D'autres affectations sûrement plus utiles...

Un système qui met en avant les aides aux auteurs pour mieux se partager 96,5% du budget ! Mais naturellement ce système fonctionne grâce à l'espérance de toucher le jackpot des écrivains. 28 000 euros, c'est en effet énorme, ça me permettrait de tenir plusieurs années... Le vingtième siècle le démontra de manière extrême : toute dictature a besoin de collabos pour se maintenir. Les systèmes injustes puisent naturellement leur mode de fonctionnement dans cette boue de l'histoire. Le pire, s'il y a pire en la matière, étant d'observer des auteurs-donneurs-de-leçons collaborer ainsi à la pérennité du monstre. De là à se prétendre porte-parole des "insoumis", il suffit d'un micro devant le nez pour certains...

Eh oui, l'édition n'est qu'un exemple pour un mécanisme général incrusté sur notre civilisation... Oui, civilisation occidental, il s'agit bien d'une dérive de civilisation et le pif sur le mur les inconscients continuent de danser...

Quant aux 30 millions d'euros des taxes sur les appareils de reproduction et d'impression, il semble scandaleux que les utilisateurs continuent à accepter de les payer, sans même la justification qu'elles servent à la création comme s'en gargarisent les officiels et installés. « *Décidées par le Président du Centre national du livre, après avis d'une commission ou d'un comité d'experts, les aides mises en œuvre par l'établissement sont exposées de façon détaillée dans le présent bilan, via une présentation par article budgétaire, puis par commission ou type d'accompagnement.* » Les Bourses ne représentent, certes, en 2011, que 7,1% du budget consacré aux interventions.

9% aux "Activités littéraires" (des " Sociétés des amis d'auteurs" ont ainsi bénéficié de 165 000 euros + 2 474 836 euros aux "Subventions développement vie littéraire")
20,5% Subventions à l'édition (soit 6 027 070 euros)
Aides aux revues 1 124 135 euros.
Aides à la traduction 2 575 424 euros.
Projets spécifiques 178 558 euros.
Subventions à la publication 2 148 953 euros.

Le budget interventions en 2011 fut de 30 859 137 euros. Sur un budget global de 45 millions... Où passent les 15 millions ? En frais de fonctionnement ?

Donc, les bourses destinées aux créateurs littéraires où 187 bénéficiaires se sont partagés 1 613 500 euros. (alors que les 7,1% représentent une dotation finale de 2 133 860 euros... la différence est sûrement... ailleurs...)

D'autres secteurs fonctionnent ainsi. Je lancerais un audit ? Mais, non, je plaisante, il suffit d'ouvrir les yeux, les oreilles...

Scène du Quercy selon la bergère.

Pierre Desproges (plutôt que Stéphane Hessel)

Pierre Desproges fut plutôt « anar de droite » ?

Pierre Desproges, publié de son vivant et de son cancer gagnant, au *Seuil*, maison rachetée en 2004 par Hervé de La Martinière.

En note de l'éditeur du pavé « *Tout Desproges* » de 2008, je lis « *C'est aussi un hommage des Editions du Seuil à un auteur qui, de son vivant puis à travers ses ayants droit, nous a toujours fait confiance et à qui nous devons beaucoup.* »

Pierre Desproges, dans « *vivons heureux en attendant la mort* » : « *Rarement, au cours de l'histoire du monde, une profession n'aura été autant controversée que celle d'éditeur. Aujourd'hui encore, on accuse les éditeurs d'exploiter les auteurs. Dieu merci, ce n'est pas l'avis de tous.*

À la question : "les éditeurs sont-ils un mal nécessaire ?" 100% des maquereaux de Pigalle interrogés répondent : "Oui, bien sûr. Si y a personne pour les pousser au cul, les livres y restent dans la rue au lieu de monter dans les étages." »

De Pierre Desproges, il m'arrive régulièrement de reprendre « *je me heurte parfois à une telle incompréhension de la part de mes contemporains qu'un épouvantable doute m'étreint : suis-je bien de cette planète ? Et si oui, cela ne prouve-t-il pas qu'eux sont d'ailleurs ?* » (*non compris*, 12 juin 1986)

Naturellement, les « *artistes engagés qui osent critiquer Pinochet à moins de 10 000 kilomètres de Santiago* », ne peuvent risquer de se fâcher avec le monde de l'édition.

Pierre Desproges, au sujet de ses propres compromissions, s'il s'en reconnaissait, notait « *me compromettre vraiment, non, mais j'ai participé à certaines émissions auxquelles je suis fier de ne plus participer maintenant. Certaines émissions avec des gens avec qui je ne me sentais pas à l'aise… J'ai fait des émissions de télé que je n'aurais pas dû faire… Mais enfin je ne serais pas allé à une émission que fait Poivre d'Arvor actuellement, et je pourrais vous citer plein d'autres noms. J'aime mieux mourir dans d'atroces douleurs que d'aller poser mon cul à côté de ces gens-là.* »

Dans mes "*ces gens-là*" (...*il faut vous dire monsieur, que chez ces gens-là...*), je suppose que vous avez deviné qu'y figurent nos grands éditeurs grandes fortunes. Je n'ai pas pu dépasser les *rencontres d'Astaffort* de Francis Cabrel et Richard Seff, et le chantier des *francofolies* de La Rochelle. Ce furent mes petites compromissions. Elles me permirent d'écrire le roman « *La faute à Souchon ?* »

Encore une citation de Pierre Desproges, certes relativisable car prononcée dans l'aisance financière : « *Je préfère être dans la misère que de m'abaisser à des choses qui ne me plaisent pas.* »

Jusqu'à quelle compromission faut-il descendre dans l'édition ? Publier simplement pour l'honneur ? Dans « *Ce que gagnent les écrivains* », un dossier du mensuel *Lire* d'avril 2010 : « *"À côté de ces contrats en or* [ceux de stars]*, Gallimard propose parfois un taux fixe de 7% de droits pour des premiers romans", soupire un avocat. "Vous savez, certains auteurs seraient prêts à publier gratuitement pour être édités dans la Collection Blanche", objecte-t-on rue Sébastien-Bottin.* »

Jusqu'à quelle compromission faut-il descendre dans la vie ?

Comme un écrivain indépendant

La guerre continue, écrivait Jack-Alain Léger

En 1997 Jack-Alain Léger publiait *Ma vie (titre provisoire)*, une présentation de sa confrontation à l'univers de l'édition, se ponctuant par « *Hé bien ! La guerre continue, la guerre pour trouver ce minimum de paix nécessaire, un éditeur, un contrat, de quoi tenir encore quelques mois. J'en suis là.* » Signer un contrat, empocher un à-valoir, si modeste soit-il, écrire sur commande tout et n'importe quoi. Face aux auteurs en grandes difficultés quotidiennes, les éditeurs apparaissent comme des mastodontes financiers. Dix pages plus tôt, l'auteur notait « *où se situe la ligne de partage entre le compromis acceptable et l'inadmissible compromission ?* »

Ma guerre peut sembler très éloignée de la sienne mais c'est bien deux portes du même conflit : nous souhaitons vivre de nos écrits, décemment, avec le moins possible de compromissions.

J'aime *Ma vie (titre provisoire)*, publié par *Salvy* (non, pas Malvy). J'avais d'abord cru à de l'auto-édition mais "*Salvy éditeur*" fut créé par un certain Gérard-Julien Salvy. Un minuscule éditeur, presque invisible.

Jack-Alain Léger fit une entrée fracassante dans le monde des lettres en 1976, avec "*Monsignore*", chez Robert Laffont : trois cent mille exemplaires, adaptation au cinéma, traduction en vingt-trois langues. Ses livres suivants ne parvinrent pas à renouveler le succès. "*Ma vie (titre provisoire)*" est donc le résumé de cette chute dans la considération du milieu littéraire. Néanmoins, au même moment, il réussissait une nouvelle percée, sous le pseudonyme de Paul Smaïl, un nouveau best-seller "*Vivre me tue*". Ce « *beau témoignage d'un jeune beur* » publié chez Balland se révéla fictif, inacceptable "supercherie" pour certains... quand l'identité de l'auteur fut connue, en l'an 2000. Sûrement les critiques hostiles à l'auteur surpris en pleine promotion de ce texte ! Vive les pseudonymes ! Comme si la littérature, ce n'était pas un jeu de rôles ! [Imaginez M. Baylet surprenant l'un des membres de "sa" rédaction dithyrambique pour un de mes doubles !... Si en plus on doit surveiller les multiples identités, les "RG" éradiquer le chômage...]

« J'ai su alors ce que peut nourrir de haine à l'endroit d'un écrivain uniquement écrivain la pègre des gens de lettres dont Balzac a si exactement dépeint les mœurs dans Illusions perdues, *mœurs qui n'ont pas changé, si ce n'est en pire : vénalité, futilité, servilité.*

J'avais perdu mes dernières illusions sur ce milieu dont les pratiques ressemblent tant à celles du Milieu : parasitages de la production, chantages à la protection, intimidations, etc. Publication de livres que l'éditeur juge médiocres ou invendables mais qu'il surpaie à des auteurs disposant d'un pouvoir quelconque dans les médias... (...) Fabrication par des nègres et des plagiaires d'une fausse littérature qui, comme la mauvaise monnaie, chasse la bonne... Calomnies et passages à tabac pour les rares francs-tireurs. « Nous avons les moyens de vous faire taire définitivement ! » me dit, sans rire, un critique, par ailleurs employé d'une maison d'édition et juré de plusieurs prix littéraires auquel j'ai eu le malheur de déplaire. Je n'étais d'aucune coterie, détestant ces douteuses solidarités fondées sur

des affinités sexuelles, politiques ou alcooliques, voir une simple
promiscuité au marbre d'un journal ou à la table ovale d'un
comité de lecture ; j'étais puni. On me faisait payer cher de
n'avoir jamais eu de "parrain". »
En 1997, je publiais « *Assedic Blues, bureaucrate ou quelques*
centaines de francs par mois », un objet littéraire déjà "choix
social" et il tentait de tenir en reprenant la technique de Romain
Gary : quand les médias ont décrété ta marginalisation, change
de masque. Mais il faut un minimum de relations, donc peut-être
de compromissions, pour ce genre de rôles. En 2013, j'ai puisé
dans les dernières économies, tout en vivant de très très peu pour
tenir et il s'est suicidé. Depuis, je tiens...

Le 17 juillet 2013, c'est par un tweet m'étant destiné que maître
Emmanuel Pierrat informait le monde du suicide de l'écrivain en
lutte.

> @ternoise je sors du commissariat et irai a la morgue
> demain : Jack-Alain Léger, dont j'étais le tuteur,
> s'est défenestré. Je le pleure.

Nous les pauvres, connaissons la nécessité de "trouver une
solution".
Pauvre Henri Guaino au 5189,27 euros net par mois (plus
combien de notes de frais ?)
Le député LR des Yvelines déplore « *ne rien pouvoir mettre de*
côté », jeudi 5 janvier 2017, sur plateau de LCI.
LCI ne m'a jamais demandé comment j'ai tenu ces vingt
derrières années...
Henri Guaino et moi avons néanmoins un point commun : nous
sommes "candidats solitaires" à la présidentielle 2017. Candidat
des riches qui se plaignent contre celui des pauvres qui
s'assument.

Se prétendre de gauche, est-ce la meilleure posture politicienne ? Certes, après la bérézina Hollande, en 2017, ils sombreront dans le creux de la vague mais depuis trois décennies, il s'agissait sûrement du meilleur bon plan pour les opportunistes. J'ai des noms, si vraiment... Non ? Des exemples vous viennent immédiatement !...

Donc en chanson, un résumé :

Se prétendre de gauche

Ils ont compris
Qu'il suffit
De se prétendre de gauche
Pour s'en mettre plein les poches
Tout en dénonçant
Les excès de l'autre camp

Conseillers départementaux
Conseillers régionaux
Députés sénateurs
Et dans nos grandes mairies
Ils font leur beurre
Longue vie
Aux baronnies

Comme ça en jette
L'étiquette
Moi je suis de la bonne gauche
Les autres leurs pensées sont moches
Donnez-moi du temps
Vous verrez que j'aime les gens

Conseillers départementaux
Conseillers régionaux
Députés sénateurs
Et dans nos grandes mairies

Ils font leur beurre
Longue vie
Aux baronnies

On sait tous ça
Mais tais-toi
C'est mieux cette fausse petite gauche
Même quand l'pantin n'est qu'une cloche
Faut choisir son camp
Fermer les yeux bien souvent

Démocratie
Agonie
Honte à ces piliers de système
Qui font monter nos extrêmes
Tolérer ces gens
C'est se détruire lentement

Conseillers départementaux
Conseillers régionaux
Députés sénateurs
Et dans nos grandes mairies
Ils font leur beurre
Longue vie
Aux baronnies

Devant un choix de vie

J'ai 48 ans, aucune envie d'abdiquer mais toujours lucide... avec parfois une pensée pour Michel Champendal, son amer constat, son dernier message avant suicide : « *il n'existe de nos jours aucune perspective de ventes de livres pour un petit éditeur parisien...* » Eh lotois alors !!!???!!!
Qui plus est, athée, je n'ai que cette vie pour vivre [comme tout le monde, certes. Mais sans illusion]. Donc je n'irai pas m'immoler devant le bureau de monsieur Martin Malvy ! La *Dépêche du Midi* n'aura pas le plaisir de consacrer sa une à la larme dans l'œil gauche du grand homme (oui, la fumée peut susciter une réaction lacrymale).

Avant 2011, j'ai tenu principalement grâce aux revenus des sites Internet, les "droits dérivés" de mes écrits. Oui, offrir une version numérique en demandant l'inscription à une offre "partenaire" a fonctionné. Je leur consacrais environ 60% de mon temps de travail. En 2012, l'écriture (et la réalisation des livres numériques) occupa environ 90% de ces heures, avec une formidable progression des ventes, réalisées principalement sur Amazon, Itunes, Kobo, Fnac et la librairie de mon edistributeur Immateriel.
Mais vivre avec pour seules rentrées 600 euros par mois, immédiatement engloutis dans les charges professionnelles, est-ce possible ? Certes, il suffirait de multiplier par trois les ventes pour passer ce tunnel. Cette croissance des revenus est envisageable... mais pour l'atteindre, il me faut tenir ! Donc continuer à écrire, publier, romans, essais, livres d'art, me promouvoir... L'émergence d'un "marché juste", non verrouillé par les installés, donc "la lumière", c'est pour quand ? Les politiques semblent tellement au service des oligarchies... Je me sens dans un long tunnel... Oui, "un jour" le numérique représentera un marché suffisant où mon catalogue, même sans promotion exceptionnelle, peut m'octroyer des revenus de smicard... si d'ici là je n'ai pas été exclu des sites majeurs de ventes (par des lois, des frais fixes de droits de vente, qui

rendraient l'indépendance impossible ; dans ce cas, la fuite hors de France serait bien indispensable) Quant au livre en papier, peut-on espérer une réaction des lectrices et lecteurs, leur refus d'entrer dans des librairies où ne peuvent être acquis que les livres de l'oligarchie ? J'en doute !

Les librairies continuent de recevoir de nombreuses aides publiques. Heureusement, certaines ferment néanmoins. Une librairie fermée, c'est un peu d'espoir pour les indépendants... Vive la vente directe, d'ailleurs le meilleur des soutiens à notre service postal... En subventionnant les librairies, en multipliant les lois "anti-Amazon", l'état se tire une balle dans son service public postal...

C'est là qu'une bourse de 8000 euros présenterait une véritable cohérence, pour soutenir une louable démarche littéraire, un projet exemplaire (je sais bien : si les politiques soutiennent l'indépendance, où éditeront-ils leurs livres ? et qui leur fera des petits cadeaux qui entretiennent l'amitié ?). Mais comme je vous l'expose, la région, le département et l'état, s'ingénient à soutenir les installés contre les velléités des écrivains qui osent chercher une solution pour vivre libre et dignement !

Un oncle est mort, avant d'avoir été totalement dépouillé par les organismes de "protection", dont la vente à sa mairie d'un terrain constructible à un tarif visiblement sous-évalué, ne fut pas remise en cause. Même pas de réponse du Centre des Impôts d'Arras... Un oncle donc sans enfant et les miettes restées furent un ballon d'oxygène.

Naturellement, on pourrait me conseiller de trouver un juste milieu et de reprendre la gestion des sites Internet... mais ce travail trop informatique ne garantirait pas de revenus immédiats... à cause d'une concurrence de plus en plus effrénée (je n'entre pas dans le détail des ressources d'un site Internet gratuit). Si le « juste milieu » du 50 / 50, écriture / informatique, me permettait de tenir, j'opterais peut-être pour cette approche raisonnable. Peut-être, car la littérature, là où j'en suis, c'est du 100% (je range désormais la photographie et la vidéo dans la littérature, tellement j'ai l'impression de parler dans certains choix)

Les oligarchies ont gagné également dans la culture : qui refuse leur système est marginalisé, ghettoïsé. La guerre contre Google vise également à restreindre les ressources des sites Internet indépendants... (et Google semble disposé à "un partage du monde", des accords dans chaque domaine avec les incontournables).

Donc, comment vivre ici, en France, dans le Lot. Je sais bien que la virginité peut se négocier plus de 700 000 euros mais pour une femme, l'homme n'obtenant que 3 000. Et comme je l'ai précisé, mes 17 ans sont loin ! Tout ceci pour aborder de manière un peu décalée la prostitution. Me prostituer ? Ce qui n'est pas forcément sexuel. Trouver un travail ailleurs ? C'est-à-dire revenir dans le système quitté en 1993 ? Après tant de temps, je dois être inemployable ! Exit la prostitution sous toutes ses formes (ce n'est pas un véritable écrivain car il exclut le suicide et la prostitution !)

Alors ? Avec 600 euros par mois, on peut vivre dans certains pays d'Afrique. Certes, pour obtenir une connexion Internet, obligation de vivre dans une capitale. Je suis pourtant de la campagne mais là-bas les charges fixes n'engloutiraient pas l'ensemble...

J'avais 46 ans, quand j'écrivais cela ! Deux ans plus tard... j'ai tenu, en équilibriste. Je suis l'équilibriste du Quercy...

Le seuil de pauvreté en France

Dans notre pays riche, l'Insee calcule un seuil à 60% et un seuil relatif correspondant à la moitié du revenu médian.

Le seuil de pauvreté serait pour la France celui de 50%, et 60% pour l'Union européenne.

Ainsi, pour une personne seule, le seuil de pauvreté relatif est de 840 euros (seuil à 50%) ou de 1008 euros (seuil à 60%). Les chiffres sur le site de l'Insee sont ceux de 2014. En 2014 j'ai vécu avec moins de 800 euros mensuels. J'ai eu l'impression, néanmoins, de vivre correctement, sans vraiment me priver. Les fruits et légumes du jardin sont tellement délicieux. Quant aux œufs, si les poules ne pondent pas, je m'en prive, ne souhaitant risquer une indigestion avec des produits tellement délicats (ce qui m'est arrivé en 1995 lors de vacances). Les aliments les moins chers sont ceux de saison, manger des fraises ou des tomates en novembre ne me semble pas indispensable (et non recommandé à cause du goût). De même, pour l'habillement et les loisirs, mes frais restent limités : marcher avec des chaussures achetées en solde chez Leclerc à 12,50 euros ne me dérange pas, même après avoir regardé les modèles de randonnées à Inter-Sport, environ 150 euros ; lors des soldes à 40%, je n'ai pas puisé dans les dernières réserves, faute de la certitude qu'elles tiendraient ne serait-ce que cinq fois plus longtemps. Des vacances ? La vie est très agréable dans le Quercy. Certes, pour le plaisir de la photo, bouger plus m'apporterait sûrement quelques satisfactions...

4,216 millions de personnes (7,1% de la population) vivent en dessous du seuil de pauvreté relatif de 50% et 7,862 millions (13,2% de la population) sous celui de 60%, chiffres 2006. Pour 2010, 7,8% de la population en dessous du seuil de pauvreté relatif de 50% et 14,1 celui de 60%...

La pauvreté fortement ressentie par une partie de la population aux revenus supérieurs aux miens, provient sûrement de son mode de vie, en ville, avec une télévision, la sensation de dépenses obligatoires...

Vivre à la campagne exige pourtant d'importantes dépenses dans les domaines du transport (voiture indispensable) et seulement fin 2015, fut allégée ma note téléphone / Internet. Car avant, il m'était impossible de me lier totalement au seul opérateur fournissant un prétendu haut-débit, ainsi noté sur le contrat avec un débit descendant limité à 512 k et un débit montant à 112 k. Alsatis, dont les absences de service du relai nécessitaient de conserver un accès bas débit, Alice, à coupler avec une protection par un forfait passé de 6 à 10 euros chez Wanadoo devenu Orange, indispensable en cas de dysfonctionnement de la ligne (je m'explique sur l'indispensable : « vous avez un abonnement chez Alice, voyez avec eux » alors que naturellement l'accès aux habitations reste contrôlé par l'opérateur historique)... Plus l'abonnement du téléphone... Naturellement, j'ai dénoncé ces politiques coupables de nous avoir imposé Alsatis. Les plus riches prenaient une parabole et me conseillaient d'y recourir...

Le candidat des pauvres ou celui des riches ? Je pense certes à Henri Guaino, incapable de vivre sans se plaindre avec 5189,27 euros net par mois, plus notes de frais, mais également aux autres.

Quel candidat a démontré sa capacité à vivre sous le seuil de pauvreté ?

Pauvre et... peut-être heureux

Je me méfie des dictions et autres proverbes...

« *Mieux vaut être riche et heureux, que pauvre et malheureux.* »
Sûrement l'œuvre majeure d'un riche essayant de se convaincre d'avoir choisi la meilleure voie pour accéder au bonheur.

Un peu plus proche de la réalité : « *L'argent ne fait pas le bonheur mais y contribue.* »
Effectivement, un minimum de monnaie est nécessaire. Pour s'éviter les grosses difficultés quotidiennes et l'angoisse du lendemain...

Puisqu'on cause d'argent... dès qu'il ne sert plus à répondre à un vrai besoin de vie, il faut s'en méfier...

Il semblerait que l'argent transforme ceux qui en ont un peu trop. Il semblerait que rapidement, passé le niveau où il t'assure une certaine tranquillité, l'idée de l'argent pour l'argent s'empare de toi.

Au point de penser à l'amasser comme si tu devais t'assurer de quoi vivre trois millions d'années.
Au point de redouter l'idée d'être moins riche.
Au point de regarder les plus riches avec envie.
Au point de vouloir toujours plus, autre chose, autrement.
Au point de ne plus pouvoir être heureux.

L'idée de pauvreté n'est pourtant pas très populaire. On gagne des élections avec "enrichissez-vous !" mais rarement avec l'idée de pauvreté, qui n'est pourtant pas un hymne à la misère.

Dans un pays d'abondance, il ne s'agit pas de "retourner en arrière", sans électricité ni facilités. Mais de parvenir à un équilibre, entre le développement technique et l'art de vivre. L'état de la planète ne peut certes pas toucher les assoiffés d'argent ni les plus démunis...

Être pauvre et heureux, si nous sommes d'accord sur le sens des mots. Je vous souhaite d'être pauvres et heureux. Il s'agit peut-être de la plus grande des richesses...

Le seuil de tranquillité

J'ai vécu
Sous le seuil de pauvreté
Puis j'ai connu
Des jours de tranquillité
Là j'ai vu
Comment vivaient
Ceux qui gagnaient toujours plus

Au seuil de tranquillité
Faut savoir s'arrêter
Savoir s'y maintenir
Sérénité à distance des grands désirs ;
Au dessus
Du seuil de tranquillité
Plus tu gagnes plus tu veux gagner ;
Au seuil de tranquillité
Faut savoir s'arrêter

Consommer
Pas plus que de nécessaire
Les déchirer
Leurs slogans publicitaires
Protéger
Not' coin de terre
Viv' dans la réalité

Travailler
Pour gagner ce qu'il faut
Et s'arrêter
Discerner le vrai du faux
Refuser
Métro boulot
Primes de rentabilités

Au seuil de tranquillité

Faut savoir s'arrêter
Savoir s'y maintenir
Sérénité à distance des grands désirs ;
Au dessus
Du seuil de tranquillité
Plus tu gagnes plus tu veux gagner ;
Au seuil de tranquillité
Faut savoir s'arrêter

Savoir dire
J'ai ce qu'il me faut tu sais
Savoir sourire
Quand on veut t'impressionner
Et dormir
Sans les p'tits cachets
De ceux qui doivent réussir

J'ai vécu
Sous le seuil de pauvreté
Puis j'ai connu
Des jours de tranquillité
Là j'ai vu
Comment vivaient
Ceux qui gagnaient toujours plus

Au seuil de tranquillité
Faut savoir s'arrêter
Savoir s'y maintenir
Sérénité à distance des grands désirs ;
Au dessus
Du seuil de tranquillité
Plus tu gagnes plus tu veux gagner ;
Au seuil de tranquillité
Faut savoir s'arrêter

Cette candidature n'arrangera pas mes relations avec les politiques et les médias inféodés ?!

À l'amie inquiète d'un risque d'autocensure globale des journalistes après une telle candidature iconoclaste, j'ai cité Marcel Aymé : « *la seule raison que nous ayons d'écrire, c'est pour dire des choses. Qu'importent les conséquences.* » Et si je reprends ici cette réplique, c'est en hommage à une plume restée libre dans des circonstances nettement plus dangereuses pour l'insoumission. Il répondait ainsi à Henri Jeanson, ami le mettant en garde sur le danger d'articles contraires à l'idéologie dominante, en 1940.

J'ai déjà noté cette remarque dans un précédent livre. Il s'est si peu vendu ! Dans la société du spectacle du vingt-et-unième siècle, seul un "exceptionnel concours de circonstance" peut permettre un retentissement national de mes écrits...

Quant à mes relations avec les médias, elles sont déjà très limitées…

De toute manière, pour l'instant, à de très rares exceptions, c'est... la censure (abus de langage : le choix éditorial car, par exemple, à *la dépêche du midi* on le sait, les interviews y sont remarquables... remarquables de...)

Malcom X nous avait prévenus : « *Si vous n'êtes pas vigilants, les médias arriveront à vous faire détester les gens opprimés et aimer ceux qui les oppriment.* » Vous préférez vos élus ou Stéphane Ternoise ?

1961-2016... 55 ans après le texte de Lorenzo Gomis

Pour trouver des informations sur Lorenzo Gomis, il est nécessaire de traduire une courte notice sur le wikipédia espagnol. Lorenzo Gomis Sanahuja (Barcelona, 1924 - 31 décembre 2005) était un poète et journaliste espagnol.

Il fut directeur de *El Correo Catalán* de 1977 à 1981. Il a co-fondé, en 1951, le magazine *El Ciervo*, dirigé avec son épouse Roser Bofill et son frère Joaquim Gomis Sanahuja.

Catholique pratiquant, professeur émérite de journalisme à l'Université Autonome de Barcelone, il fut également été chroniqueur et directeur de *La Vanguardia*.

Aucun de ses livres ne semble avoir été traduit en français.

- El caballo (1951)
- Cámara lenta (1969)
- Oficios y maleficios (1971)
- Sons i sonets (1984)
- Libro de Adán y Eva (1991).

Je vous épargne les péripéties sur la manière dont de vieux numéros d'*Esprit* sont parvenus devant mes yeux, alors attirés, dans le numéro de septembre 1961, par le titre "*Le chant de la pauvreté*", une "communication" de... Lorenzo Gomis. Je n'ai rien trouvé d'autre "du même auteur". « *La pauvreté en tant que vertu ? C'est ce que nous avons coutume d'appeler l'esprit de pauvreté, tout ce que la pauvreté, quand elle est acceptée et intériorisée, a de créateur : le détachement, la liberté, la joie. La question consiste alors à savoir si, quand nous luttons contre la pauvreté matérielle, nous combattons aussi - bien qu'involontairement - l'esprit de pauvreté. Autrement dit : il s'agit de savoir s'il est possible de posséder à la fois le bien-être matériel et l'esprit de pauvreté.* »

Ce « *bien-être matériel* » de 1961, qui, en 2016, en France, en reste privé ?

Il nous cause justement de ces années-là : « *Un Américain qui connaît bien la Russie - c'est-à-dire un homme familiarisé avec les deux grands laboratoires du présent - dénonçait récemment les maux découlant d'une urbanisation et d'une industrialisation précipitées et irréfléchies. L'Amérique du Nord, remarque Georges Kennan, n'est pas un pays surpeuplé ; pourtant il existe sur la côte atlantique de vastes zones qui formeront bientôt un territoire semi-urbain d'où aura disparu toute trace de champs et de cultures quelconques. C'est un exemple d'un mauvais emploi de la terre, d'un démembrement de la communauté, d'une rupture de la vie politique locale, dont il résulte en outre beaucoup de laideur. Pour détruire un ver dans un champ, un avion couvre le terrain tout entier d'insecticide et bouleverse l'équilibre de la nature. Les ménagères entretiennent leur maison avec des « détersifs » et ces produits, en aboutissant finalement à la mer, modifient la composition des eaux et risquent d'altérer la vie végétale. Les conséquences, dit-on, ne seront pas sensibles avant trente ou quarante ans. »*

Lorenzo Gomis serait donc mort quarante-cinq années après cette communication à la rencontre internationale sur « les écrivains et la société du bien-être », organisée à Copenhague du 8 au 14 septembre 1960.

Combien de tonnes d'insecticides déversées sur notre planète ?

La démocratie confisquée

2015... Élections départementales, avant les régionales...

La confiscation de la démocratie a bien fonctionné : on cherche les candidats non inféodés aux partis...

« *Exit donc les alternatifs, les farfelus, les candidatures de témoignage et autres groupuscules qui se servaient des élections cantonales comme d'une tribune.* » Ainsi résume la Dépêche du Midi (de Jean-Michel Baylet et du PRG) sous la plume de Sébastien Marti au sujet des candidats déclarés en Haute-Garonne. Soyez encartés ! Ou amis des encartés (parfois se claironne un refrain : "ouverture à la société civile")

Sur une autre page, le même expliquait : « *La plupart des organisations politiques dans les starting-blocks : le Parti socialiste allié au PRG ; l'union de la droite qui rassemble l'UMP, l'UDI et le Modem ; Europe Ecologie-Les Verts qui a formé selon les cantons des alliances avec le PCF et Nouvelle donne ; le PCF qui a aussi scellé des accords avec Ensemble (un courant du Front de gauche) et le MRC ; le Parti de gauche derrière le mouvement «Pour une majorité citoyenne» ; enfin le Front national qui présentera des candidats dans tous les cantons.* »

Pour son Tarn-et-Garonne, le 18 février 2015 Alain Baute n'avait aucun état d'âme à soutenir son patron : « *C'est quand les repères se brouillent que l'on s'accroche à son vécu... Le nouveau périmètre des cantons, le renouvellement de la moitié des conseillers généraux actuels par l'arrivée de 15 dames, et souvent le nombre important d'équipes au départ, constituent autant d'arguments pour étayer la fameuse prime aux conseillers généraux sortants, forts d'un excellent bilan en bandoulière. Ensemble, dans une rare unanimité, ils ont voté les budgets pour appliquer les politiques voulues afin de développer le département, aujourd'hui devenu un des plus attractifs du pays. Ensemble, dans une fraternité dépassant les clivages politiques, ils ont partagé la vision de leur président, pour un équilibre entre les territoires ruraux et les secteurs urbains, toujours soucieux de placer l'humain au centre de leurs décisions. »*

Oui « la vision de leur président », c'était celle du patron du Conseil Général du 82 et de sa *Dépêche,* dont les vaillants journalistes n'hésitent jamais à reprendre le slogan "l'humain d'abord", l'extrême-gauche ayant toujours constitué un réservoir de voix pour le PS-PRG dans notre région. Ainsi en paraphrasant une célèbre analyse communiste, l'expression "idiots utiles" fleurit parfois dans nos conversations.

Impossible est une parfois sujette à rebondissements : lors des élections sénatoriales du 28 septembre 2014, Jean-Michel Baylet avait perdu "son mandat" de sénateur, battu par François Bonhomme.

En mars 2015, il conserve son mandat de conseiller départemental dans le canton de Valence mais ses soutiens subissent des revers... et il abdique, préfère ne pas se représenter à la présidence de "son" département.

Prime au vaincu : le pouvoir de sa Dépêche est publiquement reconnu, le 11 février 2016, par son entrée au gouvernement, ministre de l'Aménagement du Territoire, de la Ruralité et des Collectivités territoriales dans le radeau de Manuel Valls. Il y restera avec son successeur.

Ils n'en ont rien à foutre de tes livres !

Oui, je le sais. Celui-ci sûrement comme les précédents. On écrit toujours "pour" une minorité...
Rien à foutre de mes livres, chansons, pièces de théâtre, essais, vidéos... Seul un succès peut intéresser... Et "les marchés" sont tenus par les marchands...

Sauf que... Parmi les "candidats insignifiants", je suis sûrement le seul avec un important potentiel de suffrages... si mon message parvient aux oreilles de mes concitoyens...
Je peux même créer la surprise d'obtenir 500 parrainages... Oui, ce n'est pas certain... Mais la version numérique de ce livre sera gratuite... et tout va "se jouer" sur quelques semaines.
Rien peut-être.

- Ça n'a rien à voir avec un livre de candidat !
- Je sais, c'est déjà... moins chiant. Et aucune raison de promettre la lune pour fournir l'austérité aux plus pauvres et le caviar aux plus riches.

Quel nom les maires ruraux vont finalement inscrire ? N'ayez pas peur !

Les lobbies des plus riches...

Ils ont les moyens (médiatiques) de soutenir les plus riches en prétendant le contraire...

La taxe youtube... naturellement, il est de bon ton de proclamer vouloir "faire payer" un géant américain pour financer notre "exception culturelle"... Mais en réalité il s'agit, avec cet artifice de fin de mandat, de faire payer les pauvres pour enrichir les riches.

Avec leurs gros sabots, nos députés ont donc décidé début décembre 2016 d'ajouter une taxe.

Forcément youtube ne va pas prendre sur le trésor de google mais ponctionnera chaque vidéaste amateur, qui va encore souffrir d'une baisse de ses modestes revenus.

Dans le genre existe déjà la taxe sur la copie privée, où par exemple un livre publié chez Lagardère touchera quelques miettes tandis que l'auteur-éditeur indépendant est exclu du soutien. De même qu'il est exclu du soutien d'état pour le droit de prêt en bibliothèque.

Il fallait déjà à cette époque soutenir les riches pour que surtout pas les pauvres réussissent à vivre, sans s'agenouiller devant les puissants.

Ces députés ignorent-ils tout du fonctionnement de ce nouveau monde internet, sont-ils complètement entre les mains des lobbys d'installés ?

Qu'en savent-ils des revenus publicitaires liés aux diffusions sur youtube, ces députés prompts à adopter un amendement au projet de loi de finances rectificatives pour 2016, ces députés empressés avant les élections d'ajouter une énième taxe ?

Combien espèrent ainsi être récompensés par exemple en siégeant dans une société qui gérera cet argent ?

Car naturellement il sera du devoir de l'ensemble des utilisateurs de youtube de retenir les noms et voter avec un peu de mémoire en 2017.

Le 20 novembre, je reprenais mes notes du 11... Le boom des abonnés chez Mélenchon me "contraignant" à effectuer un suivi général...

La vidéo est-elle considérée par les candidats comme un élément essentiel de cette campagne ? La vidéo, dans leur tête, reste "la télévision" ?

Même s'il s'agît d'un "phénomène de société", cette possibilité de réaliser et surtout diffuser au plus grand nombre, "sans moyen", des vidéos, à part quelques youtubeurs, justement récupérés par les "chaînes historiques nationales", l'audience reste limitée.

Consultations énormes dans le total mais limitée par "vidéaste".

Jean Lassalle semble mon concurrent le plus direct... *Un berger à l'Élysée*, forcément de ma mouvance... une chaîne également toute jeune... Trois semaines... Lui aurait-on soufflé à l'oreille l'agitation d'un candidat rural ?

https://www.youtube.com/channel/UCdUat4f2yol7iMpCYoFUmNg

« *Chaîne officielle de Jean Lassalle, candidat à l'élection présidentielle 2017, Député de la 4ème circonscription des Pyrénées-Atlantiques depuis 2002.* »

Passé de 41 à 72 abonnés. Il arrivera sûrement à 100 avant moi !

Deux vidéos :

- Jean Lassalle, candidat à la Présidence de la République Française. 3 semaines. 3 502 vues.
- Jean Lassalle face à Audrey Crespo-Mara sur LCI Matin. 1 semaine. 501 vues.

Surpris de découvrir :

https://www.youtube.com/channel/UCXWKI7MLhkzHRzsKWwPA77g

339 abonnés. Membre depuis le 4 mai 2013. 88 vidéos. 88 978 vues.

Avec en description : « *Jean Lassalle est député de la 4ème circonscription des Pyrénées-Atlantiques depuis 2002 et actuel candidat à l'élection présidentielle 2017. Il est également président de l'Association des Populations des Montagnes du*

Monde (APMM) qui rassemble plus de 60 pays et de l'association La marche citoyenne fondée après son tour de France à pied. »

De nombreuses vidéos mais rien depuis 4 mois. Aurait-il perdu ses codes d'accès ? Google exige désormais cent abonnés pour avoir droit à un nom, un "user"...

https://www.youtube.com/user/lassalle n'existe pas...

Quant au numéro 1...

*« Chaîne Youtube officielle de **Jean-Luc Mélenchon** »*

https://www.youtube.com/user/PlaceauPeuple

64 872 abonnés. 5 628 326 vues. Membre depuis le 1 janv. 2012. 339 vidéos. Un boom de presque 20 000 abonnés en quelques jours... (était à 46 457 abonnés et 4 986 083 vues)

Sa "revue de la semaine" aborde le sujet :

« On va arriver bientôt à 60 000 abonnés sur cette chaîne. C'est pas rien. C'est un fait politique en soit.

Ceux qui s'abonnent à la chaîne lui donnent un impact comme média autonome et indépendant.

Vous comprenez que plus j'ai d'abonnés sur cette chaîne moins j'ai besoin des autres pour m'exprimer.

Et des journaux qui tortillent mes citations ou qui les inventent. Ou les images découpées pourries des uns et des autres.

Donc tout ça, pouf, maintenant (s'en tape les mains) j'en ai rien à faire. Je dis ce que j'ai à dire devant ma caméra ; ceux que ça intéressent y regardent, ceux que ça intéressent pas y regardent pas. Et de cette manière au moins on sait ce que j'ai à dire par moi-même. Donc, voilà, je suis content, ça se voit pas mais je suis content de ça. C'est un beau pied de nez qu'on fait ensemble à un tas de gens. »

Mais il existe également

https://www.youtube.com/channel/UCKHKSD-yanY2ZwwU_4Tgf0w

Membre depuis le 23 mai 2016

« Chaîne Youtube officielle de la campagne de Jean-Luc Mélenchon à l'élection présidentielle de 2017. »

Passée dans le même temps de 2 517 abonnés à 3 188 abonnés - 192 410 vues. 152 vidéos.

https://www.youtube.com/user/melenchon n'existe pas.
Le candidat semble avoir créé une chaîne pour cette campagne...
puis logiquement avoir considéré préférable de repartir avec la
base 2012 ! Hé oui, les abonnés se gagnent difficilement...
Jean Lassalle réalisera la même opération ? Je plaisante.

Même s'il n'est plus candidat... à moins que finalement après
avoir accepté "la règle" il démissionne des Républicains pour se
présenter dans une posture ternoiso-gaullienne !...
https://www.youtube.com/user/NicolasSarkozy
Membre depuis le 5 mai 2006
« *Chaîne officielle de **Nicolas Sarkozy**, 6ème Président de la
Vème République Française.*
Candidat à la primaire de la droite 2016 »
7 306 abonnés - 3 893 616 vues. 601 vidéos.
Passé à 7 457 abonnés - 3 967 030 vues

Idem pour https://www.youtube.com/user/**JuppeAlain**
Membre depuis le 4 janv. 2013. De 978 abonnés - 123 968 vues
à 1 051 abonnés - 140 627 vues. 80 vidéos.
« *Bienvenue sur mon compte officiel, retrouvez mon actualité,
mes coups de cœur et mes réflexions sur www.al1jup.com. Vous
pouvez aussi me suivre sur Twitter, Facebook et Instagram.* »

Le boom **François Fillon** ne s'est pas concrétisé sur youtube.
Membre depuis le 20 oct. 2015
https://www.youtube.com/channel/UCp1R4BFJrKw34PfUc3GDLkw
n'affiche toujours pas son nombre d'abonnés. 339 873 vues.
Pour 194 vidéos. « *Chaîne YouTube officielle de François
Fillon. www.fillon2017.fr* »

Bruno Le Maire, désintégré dans "la dernière ligne droite",
sifilloné* :
664 abonnés - 170 546 vues --> 679 abonnés - 175 290 vues
Membre depuis le 18 oct. 2011. 198 vidéos.
« *Homme, Père, Écrivain, Normand & Basque, Député
marathonien, Agriculture & Affaires Européennes, U2 &
Kleiber.* »

Nathalie Kosciusko-Morizet
https://www.youtube.com/user/nkosciuskomorizet
Membre depuis le 31 oct. 2011. 190 vidéos.
541 abonnés - 164 633 vues --> 571 abonnés - 168 397 vues
« *Candidate à la primaire pour l'alternance, Députée, Présidente du groupe Les Républicains au Conseil de Paris, Présidente de la France droite.* »

https://www.youtube.com/channel/UCPcBBzCzr2xmV6MOMZJpjSg
Membre depuis le 31 mars 2016. 56 vidéos.
264 abonnés - 27 062 vues --> 397 abonnés - 41 143 vues
« *Cette chaine rassemble les vidéos de diverses prises de position de **Jean-Frédéric Poisson**, Député des Yvelines, Président du Parti Chrétien-Démocrate et candidat à la primaire de la droite, scrutin qui se tiendra les 20 et 27 novembre prochains et auquel tous les Français, adhérents ou non d'un parti politique, pourront participer.*
Jean-Frédéric Poisson est à ce jour le seul candidat officiel à la primaire, car en tant que chef de parti et représentant d'une sensibilité politique différente de celle des Républicains, il n'a pas besoin de rassembler les parrainages de 20 parlementaires pour pouvoir se présenter. Il est donc sûr d'aller au bout de cette campagne, qu'il mène avec détermination. »
"Mon ambition est de proposer une vision, et pas seulement un projet de gestion. En effet, si nous ne reconstituons pas le peuple, et l'Etat, tout ce que nous ferons ne servira à rien." »
Il aurait pu actualiser sa présentation initiale.

https://www.youtube.com/channel/UCZsh-MrJftAOP_-ZgRgLScw
Nathalie Arthaud. 102 abonnés - 7 874 vues --> 105 ; 8 108 vues. Membre depuis le 26 mars 2012. 48 vidéos
« *Je suis porte-parole de Lutte ouvrière. Sur cette chaîne, vous trouverez des vidéos de mes interventions sur l'actualité, dans des meetings, lors de manifestations et dans les médias.* »

Philippe Poutou, sans chaîne, semble se servir de celle du NPA
https://www.youtube.com/user/npa2009videos
Membre depuis le 20 nov. 2013. 135 vidéos.

950 abonnés - 447 427 vues --> 956 abonnés - 447 850 vues
« *Nouveau Parti anticapitaliste*
Philippe Poutou, déjà candidat en 2012, est une nouvelle fois investi par le parti d'extrême gauche NPA, le 20 mars 2016. »
Aucune vidéo ajoutée dans les six derniers mois... et j'y retourne le 24 novembre : la présentation a disparu...

Il existe https://www.youtube.com/user/PoutouNPA2012
Avec six abonnés et deux vidéos de 2011, néanmoins vues 1 834 et 4 320 fois.
Il pourrait la reprendre si le titulaire de npa2009videos n'est plus son camarade.

Comme chez Fillon, pas de nombre d'abonnés affiché chez **Nicolas Dupont-Aignan**. Membre depuis le 3 févr. 2007 - 812 vidéos. 1 012 566 vues --> 1 028 660 vues
https://www.youtube.com/user/ndatv
« *DLFTV est la chaîne officielle du parti politique "Debout la France"* »

Marine Le Pen
https://www.youtube.com/channel/UCU3z3px1_RCqYBwrs8LJVWg
Membre depuis le 12 juil. 2016 - 38 vidéos.
2 826 abonnés - 376 944 vues --> 3 239 abonnés ; 485 244 vues
« *Bienvenue sur la chaine YouTube officielle de Marine Le Pen, présidente du Front National et candidate à l'élection présidentielle des 23 avril et 7 mai 2017.* »

Mais elle semble surtout se servir de
https://www.youtube.com/user/fnofficiel
Membre depuis le 6 mai 2011. 1333 vidéos.
16 565 abonnés - 11 856 460 vues --> 16 679 abonnés ; 11 881 209 vues. « *Chaîne officielle du Front National* »

Ainsi pour bien mesurer les "forces youtube" en présence :
https://www.youtube.com/user/partisocialiste
Membre depuis le 8 mai 2006. 499 vidéos.
600 abonnés - 210 330 vues --> 606 abonnés - 210 544 vues
« **Parti socialiste** »

https://www.youtube.com/user/ump/
Membre depuis le 11 mars 2006. 2109 vidéos.
4 285 abonnés - 4 231 837 vues --> 4 286 abonnés - 4 234 004 vues. « Bienvenue sur l'espace vidéo de l'**UMP**. »

https://www.youtube.com/channel/UC3Ma4tRFxx85oZI_XKVTPwg
1 994 abonnés ; 397 005 vues --> 2 005 abonnés ; 401 960 vues
Membre depuis le 25 mai 2015. 1096 vidéos.
Retrouvez toute l'actualité des **Républicains**.

On change plus facilement de nom de parti que d'identifiant youtube ! C'est même prétendu impossible par maître google.

Jacques Cheminade
https://www.youtube.com/user/CheminadeOfficiel
119 vidéos. 692 abonnés. 139 360 vues. Membre depuis le 13 nov. 2014 « *Vidéos de Jacques Cheminade, président de Solidarité et Progrès et ancien candidat aux élections présidentielles de 1995 et 2012.* »

Mais également https://www.youtube.com/user/SolidariteetProgres
« *Jacques Cheminade,*
Solidarité et progrès
Jacques Cheminade, déjà candidat en 1995 (0,28%) et 2012 (0,25%), président-fondateur du parti politique Solidarité et progrès, s'est à nouveau déclaré candidat »
1 889 abonnés - 492 829 vues --> 1 905 abonnés - 495 067 vues
Membre depuis le 7 nov. 2008. 225 vidéos.
« *Chaîne Youtube de Solidarité et Progrès, le mouvement politique créé par Jacques Cheminade.* »

Yannick Jadot... CANDIDAT Europe Écologie Les Verts
https://www.youtube.com/user/EuropeEcologie
286 abonnés - 100 936 vues --> 292 abonnés - 101 092 vues
Membre depuis le 21 janv. 2009. 52 vidéos
« *Parce qu'une situation exceptionnelle appelle un rassemblement exceptionnel, que l'urgence impose une mobilisation immédiate et massive.*
Parce que la gravité et la brutalité des crises qui percutent nos

sociétés et pulvérisent notre modèle de « développement »
engagent notre responsabilité individuelle et collective.
Parce que notre appel doit être suffisamment fort pour être
entendu de tous et créer une dynamique de changement qui
dépasse l'espace politique traditionnel en traversant l'ensemble
de la société.
Parce qu'une Europe politique, écologique, sociale et citoyenne
se conquiert, et que notre rassemblement en vue des élections
européennes de juin 2009 participe de cette conquête. »

Parmi "les possibles candidats" : **Pierre Laurent.**
PCF - Parti communiste français
https://www.youtube.com/channel/UCSwPcnzaMTuDcTgjRiJvZnw
Membre depuis le 5 avr. 2011 - 379 vidéos.
1 067 abonnés - 259 146 vues --> 1 083 abonnés - 261 087 vues
« Chaîne officielle du PCF membre du Front de gauche sur
youtube »

François Bayrou
269 abonnés - 492 530 vues --> 269 abonnés - 492 710 vues
Membre depuis le 5 janv. 2007
https://www.youtube.com/user/bayrou
278 vidéos.
En a-t-il perdu l'accès ?
Dernière mise en ligne : François Bayrou, Discours d'Annecy "il
y a 4 ans". 445 vues
Il faut naturellement causer de notre Président. François
Hollande a-t-il une chaîne ? Mais non, pas pour attacher son
scooter. Sur youtube : je l'ignore malgré mes recherches... Est-ce
lui, son "équipe" ou une parodie amicale ?
https://www.youtube.com/user/fhollande
Où figure par exemple le « Clip Officiel de Campagne de
François Hollande » 25 955 vues et d'autres où il ne semble
guère à son avantage...
Membre depuis le 28 oct. 2010. 124 vidéos.
125 abonnés - 135 613 vues --> 124 abonnés - 135 844 vues
Forcément il faut en sourire !

Qu'on soit connu ou non : sauf événement exceptionnel, mobilisation militante, les abonnés Youtube se gagnent à la sueur de nos vidéos et de notre promo !

Sans militant, ce sera donc lent... sauf "emballement exceptionnel", improbable.

Rien trouvé pour Arnaud Montebourg, Marie-Noëlle Lienemann, Benoît Hamon, Gérard Filoche, Sylvia Pinel mais celle de la *dépêche du midi* dépasse tout juste le cent... aucun rapport ?

Jean-François Copé, Rama Yade.

Antoine Waechter, on le trouve par l'INA Politique...

Quant à moi, 78 abonnés - 13 586 vues --> 84 abonnés - 14 699 vues. Membre depuis le 27 févr. 2016 - 124 vidéos.

https://www.youtube.com/channel/UCwpz5ZzIA3u1Mg1F7BuXvvA

« *Stéphane Ternoise, écrivain CANDIDAT aux PRESIDENTIELLES 2017. Auteur de chansons, sketchs, reportages et autres curiosités. De prises de positions. PENSEZ A VOUS ABONNER !!! Avec les 24 interprètes de ma vie de "parolier" et ma voix, parfois. Titres avec droits (gérés par la sacem).*

http://www.chansons.info

J'ai matière à... Car j'attendais la possibilité de pouvoir, tout simplement, envoyer, de chez moi, des vidéos. Mais je vis dans le Lot... où les campagnes furent "oubliées"...

http://www.lotois.fr »

J'ai dépassé les 100 abonnés début décembre 2016, donc l'user ternoise m'est accordé.

* Sifillonner : se faire siphonner son capital confiance par un candidat jugé plus crédible. À ajouter à ma rubrique néologismes (plus ou moins heureux)

Impasse du Lot

2004-2006, 2015-2017, même écoute ! De Gérard Miquel à Serge Rigal, le changement... ce sera demain !

« *Lot 2020, tout a commencé le 1er avril 2004...* » : « *en accédant à la présidence du Conseil général, Gérard Miquel lance le projet Prospective afin de bâtit le Lot de demain. L'opération Lot 2020 est sur les rails.* » Je relis les 55 propositions du "*groupe Prospective Lot 2020*", document édité en 2006 par le département... L'aveuglement dans le domaine de l'Internet semblerait, avec le recul, évident à presque tout le monde... sauf leurs amis, ça va de soit ! Il m'indignait déjà alors. J'avais créé mon premier site en 2000, pouvais donc déjà revendiquer une certaine expérience. Ce qui aurait sûrement été suffisant pour justifier leur mépris de mon approche. Car on la sent bien leur réticence... leurs grands projets se limitant à « *créer un site-vitrine sur Internet pour la valorisation des activités économiques du département et aider à la commercialisation des produits locaux (terroir, qualité)* » (10) « *Développer le covoiturage : sensibiliser, informer, mobiliser toutes les bonnes volontés, notamment par le biais d'un site Internet pour mettre en relation l'offre et la demande.* » (22) Certes figure « *Généraliser l'accès individuel et collectif (zone d'activité économique, hôpitaux, ...) aux TIC (internet haut débit, téléphonie mobile, ...). Inciter les communautés de communes à couvrir les zones d'ombre.* » (19) Nous avons eu Alsatis ! Un "haut débit" de campagne, indécent.

Le Lot, département économiquement sinistré, avait besoin d'un coup de fouet numérique. Mais le fouet aurait bouleversé trop de situations acquises. Et le rôle de nos élus semble bien avoir été, durant cette période, de préserver les petits pouvoirs...

Niveau culturel, les trois "propositions" frisaient l'indécence.

En 2014, *Herr President* se repliait sur la mairie du "village préféré des français", redoutant sûrement une dérouillée s'il tentait de se maintenir au département, sa dernière réélection ayant été validée après de grandes péripéties où "normalement" un élu ne s'engouffre pas... Serge Rigal lui succédait, avec l'étiquette officiel « *candidat de Gérard Miquel* » (c'est de leur *Dépêche*, donc de source incontestable !). Il se maintenait en 2015 sur le siège passé de Général à Départemental, malgré le vote des militants du PS accordant à sa concurrente le leadership socialiste...

Peut-être en s'inspirant de son... "mentor" (non ?), il lançait son écoute ! *Je vous ai compris !*

Mais en une décennie, ma position dans le département a quand même évolué... Mon état de censuré officiel remarqué...

Lundi 30 novembre à 18 h 30 à l'Hôtel du Département à Cahors, Serge Rigal parlait avec des lotois. Je n'en étais pas.

Le site lot.fr avait prétendu : « *Vous souhaitez vous exprimer sur l'avenir du Département, la qualité et l'accès aux services mais aussi sur l'attractivité du territoire ? Serge Rigal, président du Département, invite des Lotois, le lundi 30 novembre 2015, à un temps d'échange.*

Cette invitation s'inscrit dans une démarche visant à recueillir la parole d'habitants du Lot sur des thèmes essentiels pour l'avenir. Alors que les conseillers départementaux se mobilisent actuellement sur les orientations stratégiques du Département et qu'une enquête sera très prochainement proposée à la population sur le thème des services au public, Serge Rigal souhaite échanger avec des Lotoises et des Lotois, jeunes, actifs, seniors.

Si vous voulez donner votre avis et partager votre expérience : répondez au formulaire ci-dessous avant le 25 novembre.

Un panel représentatif sera retenu et sera convié le lundi 30 novembre à 18h 30 à l'Hôtel du Département à Cahors. Cette discussion sera prolongée par un repas. »

J'avais naturellement postulé, répondu à « *Pourquoi souhaitez-vous participer à cet échange ?* »

« "L'avenir du Département, la qualité et l'accès aux services, l'attractivité du territoire" constituent un versant de mes réflexions depuis les années 2000.

Les élus ont tellement semblés sourds et aveugles (mes anciens écrits sont confirmés par la réalité...) que cette proposition de monsieur Serge Rigal, président du Département, je me devais de la saisir. Naturellement, monsieur le président du

Département connait une partie de mes analyses sans avoir lu mes livres, sans m'avoir rencontré, l'interview sur la ruralité et les "communes nouvelles" dans la vie Quercynoise du 4 novembre ayant eu un certain retentissement (l'essai *"les villages doivent disparaître !"*).

Que faire après le constat de l'échec lotois sur l'accès de la population à Internet (période 2000-2010) ? L'état des ruisseaux, la qualité de l'eau ?

Les routes délabrées ? Les frais de déplacements des populations rurales...

Penser l'avenir le regard fixé sur le passé (comme ce fut le cas en 2004-2005) ? Accepter un département de résidences secondaires ou promouvoir l'activité ?... »

Malgré mes nombreux livres sur le département, comme son prédécesseur, Monsieur Serge Rigal n'a jamais souhaité me rencontrer. Il a même perpétué la tradition de me fermer *CONTACT LOTOIS*. Je n'ai même jamais été invité à une manifestation où il devait se rendre. Étonnant ? On peut réfléchir à condition de reprendre les communiqués de presse ?

La démocratie lotoise en est là !

Une conseillère départementale, "généralement bien informée", me confiait, en off, la crainte du *Président :* que je monopolise la parole ! Drôle quand même, cet aveu de compétence limitée... D'autres raisons ? Il n'a pas répondu à mon indignation. Il ne semble pas lire mes livres...

Ces élus seront balayés lors des prochaines consultations ? Ou parviendront à se maintenir en jouant de la crainte qu'avec d'autres ce serait pire, et qu'en plus les autres ne connaissent pas les dossiers ?... blablabla... Dans les campagnes, il existe une "prime aux sortants"... mais un jour viendra où le coup de balai passera... (du Baylet au balai, la patience est notre grande vertu)

« Stéphane Ternoise ! A lui seul, son nom faisait de lui un banni de la société. » Dans "Le *« miracle »* de Montcuq avec le maire, *l'écrivain et la préfète*", Jean-Claude Bonnemère, *La Vie Quercynoise*, août 2016.

Mes chers collègues candidats

Je ne vais pas tous les passer en revue... N'ayant sur certain(e)s tout simplement rien à balancer.

Emmanuel Macron

Il permet de dire certaines choses ! Autorise presque. Ainsi : « *J'ai pu mesurer ces derniers mois ce qu'il en coûte de refuser les règles obsolètes et claniques d'un système politique qui est devenu le principal obstacle à la transformation de notre pays. Ce système, je le refuse.* » Emmanuel Macron a mis en exergue cette phrase après l'avoir prononcée le 16 novembre 2016 à Bobigny lors de son annonce officielle.
Vous m'imaginez, prononcer ces mots ! Quel tollé dans le Lot où l'on n'aurait pas manqué de m'accuser de provoquer Malvy, Miquel et leurs descendances.

Je pourrais également reprendre, du même jour: « *L'enjeu n'est pas pour moi de rassembler la gauche, ou de rassembler la droite. L'enjeu est de rassembler les Français.* »
Oui, c'est banal. Mais Macron l'a dit ! "Les françaises et les français" aurait témoigné d'une verve supérieure...

J'avais ainsi osé reprendre, aux municipales de 2014, soit quelques jours avant sa mort, quand de toutes et tous il était honoré, une observation publiée quelques années plus tôt par *Dire Lot* sur Maurice Faure : « *ce que l'on a nommé le faurisme, établi sur les faiblesses géographiques et démographiques du Lot, constitué par un clientélisme qui faisait dire que 'tous ont mangé dans la main du César républicain.'* »
J'avais même osé extraire d'un livre de Martin Malvy : « *ceux qui accusent les autres de clientélisme sont souvent ceux qui n'ont pas réussi à être élu ou réélus. Faire de la politique, c'est être à l'écoute et, par définition, chercher à rendre service.* »
Rendre service aux uns donc défavoriser les autres... La notion de justice, en tout, ça ne peut pas exister en France ?
Nicolas Dupont-Aignan note ainsi : « *c'est sa volonté d'être*

hors primaire comme je le suis, d'avoir compris que les partis politiques sont cramoisis et dépassés. »

Je m'empresse de signaler sa précision : « *Je crois que c'est quelqu'un de cohérent mais en même temps une imposture. Les puissances de l'argent roi ont toujours besoin de marionnettes. Il ne connaît pas les Français.* »

Rama Yade

Sans parti et sans mandat... mais après passages par les cases UMP, Parti radical et UDI... Et le gouvernement Fillon sous Sarkozy... Elle fut alors la seule à oser critiqué Mouammar Kadhafi durant son séjour à l'Elysée... Rien que pour cela, moi Président... tintintin... je la verrais bien à la tête d'un vrai ministère.

« *Je suis confiante et je peux même gagner cette élection présidentielle* » sur LCI, vendredi 23 décembre.

Selon elle « *l'élection se jouera sur l'authenticité.* »

J'aimerais la croire.

Et naturellement, elle a raison, en affirmant « *Il y a une France des oubliés.* »

Mais 99% de cette « *France des oubliés* » ne votera ni pour elle, très loin de la représenter, ni pour moi, même oublié par LCI !

Alexandre Jardin...

Tintintin, événement médiatique du 3 décembre 2016 :

Un tweet de @franceinfo à 8 h 38, abondamment repris et commenté... Même dans mon Quercy, avant midi, j'étais au courant...

« *INFO FRANCEINFO. Alexandre Jardin annonce qu'il sera candidat à l'élection #Presidentielle2017* ».

Ma première réaction: "nous serons deux !"... Puis je constate le tsunami de commentaires... et trouve une phrase : « *Il se veut le porte-parole des citoyens révoltés contre le "système".* »

Là, je commence à tiquer... critiquer va suivre... Alexandre Jardin contre "le système" !... Lui dont les livres sont publiés par des éditeurs de l'oligarchie, distribués par l'oligarchie. Sa posture me rappelle l'Emmanuel Macron... D'ailleurs le 12 juillet, Emmanuel Macron avait invité Alexandre Jardin sur la scène de la Mutualité lors de son « *premier grand meeting* »...

Alexandre Jardin... symbole des héritiers de la République dans le domaine politico-littéraire, fils de Pascal Jardin, écrivain et scénariste, petit-fils de Jean Jardin, homme politique, directeur de cabinet de Pierre Laval sous le régime de Vichy.

Naturellement, je ne vais pas reprocher à M. Jardin la vie de ses ancêtres... mais quand on prend une telle posture "anti système", il devrait quand même se demander si son premier roman aurait été publié sans son badge "fils de".

Et il devrait quand même regarder son parcours dans l'édition.

Même son dernier roman, du 12 octobre 2016, *les nouveaux amants*, est sorti chez Grasset, une maison de chez Lagardère, grande fortune de France.

J'en profitais pour signaler de nouveau à une centaine de journaliste, via twitter, leur "oubli" de ma candidature d'écrivain, quand ils sont prompts à faire un événement de celle de ce notable prétendu anti-système. Aucune réponse. Mais la réponse suscitait rapidement une centaine de vues...

Bref, Mélenchon, Macron et Jardin, anti-systèmes. C'est fabuleux ! Ça semble mal parti, le mur est devant. Et le Jardin à côté.

Sylvia Pinel

« *Introduite dans nos campagnes par son mentor et mise sur orbite par leur dépêche.* »

Sylvia Pinel est-elle un symbole de la réussite des femmes dans notre pays ? Sylvia Pinel, 25 ans, entre en 2002 par la petite porte du Conseil Général de Tarn-et-Garonne, chargée de mission. En 2004 elle est catapultée chef de cabinet du président du conseil général, Jean-Michel Baylet.

Soutenu par *la Dépêche* elle devient députée en 2007, ministre en 2012... Vice-Présidente de la Grande Région *Occitanie* depuis le 4 janvier 2016 et donc candidate aux Présidentielles... sans passer par la *Primaire de Gauche* à laquelle Jean-Michel Baylet s'était illustré nationalement en 2011, avec son mirifique 0,64%. Puis finalement seule femme de ces "déprimes de gauche". En France, il faut savoir être soutenu ?

En janvier 2013 j'avais dressé son portrait dans « *Golfech, c'est beau un village prospère à l'ombre d'une centrale nucléaire* » sous-titré « *Visite au pays de Jean-Michel Baylet et Sylvia Pinel.* » Je crois qu'elle n'a rien réalisé d'intéressant depuis, son passage au gouvernement relevant de la conséquence de sa proximité avec Jean-Michel B, comme sa vice-présidence régionale.

Législatives 2007 : bien que Jacques BRIAT la devança au premier tour, 37,51% contre 29,17%, Sylvia PINEL fut élue avec 50,71% des voix (26 811) contre 26 062 à monsieur Jacques BRIAT.

M. Jacques BRIAT déposa un recours devant le Conseil Constitutionnel, enregistré le 26 juin 2007, sa décision du 17 janvier 2008 fut notifiée au président de l'Assemblée nationale et publiée au Journal officiel de la République française le 23 janvier. Siégeaient alors M. Jean-Louis DEBRÉ, Président, MM. Guy CANIVET, Jacques CHIRAC, Renaud DENOIX de SAINT MARC et Olivier DUTHEILLET de LAMOTHE, Mme Jacqueline de GUILLENCHMIDT, MM. Pierre JOXE et Jean-Louis PEZANT, Mme Dominique SCHNAPPER et M. Pierre STEINMETZ.

Je vous invite à consulter le dossier complet au JO. (choix d'un chroniqueur dont vous acceptez la liberté de rendre compte) :

- SUR LES GRIEFS RELATIFS A LA SINCÉRITÉ DU SCRUTIN :

1. Considérant que la presse écrite est libre de rendre compte, comme elle l'entend, de la campagne des différents candidats comme de prendre position en faveur de l'un d'eux ; que, dès lors, le grief tiré de ce que La Dépêche du Midi aurait apporté son soutien à la candidate élue et n'aurait pas évoqué la campagne du requérant doit être écarté ;

2. Considérant que les propos rapportés par La Dépêche du Midi et que le requérant qualifie d'injurieux à son égard, pour les uns, ne sont pas imputables à la candidate proclamée élue et, pour les autres, n'excédaient pas les limites de la polémique électorale ;

- SUR LES GRIEFS RELATIFS AU FINANCEMENT DE LA CAMPAGNE DE MME PINEL :

5. Considérant que le requérant soutient que le conseil général du Tarn-et-Garonne a indûment pris en charge les déplacements électoraux de la candidate proclamée élue ; qu'il résulte de l'instruction que les déplacements critiqués ont été accomplis dans le cadre des obligations professionnelles de Mme PINEL en sa qualité de chef de cabinet du président du conseil général ; que, dès lors, le grief doit être écarté ;

7. Considérant que le requérant dénonce la participation de Mme PINEL, le 13 mai 2007, à une manifestation dénommée « la Route du pain », organisée chaque année par le conseil général pour la promotion d'une production locale ; que, toutefois, les circonstances selon lesquelles, d'une part, aucun autre candidat n'aurait été invité à y assister, d'autre part, le président du conseil général aurait fait applaudir Mme PINEL au cours du repas, n'ont pas, à elles seules, donné un caractère électoral à cette manifestation ; que son organisation ne peut, dès lors, être regardée comme un concours en nature d'une personne morale prohibé par les dispositions de l'article L. 52-8 du code électoral ;

Pour parodier Coluche et son Michel Debré : Si Pinel Sylvia est candidate, pourquoi pas moi ?
Pinel Sylvia plutôt Pinel Sylvia, car à l'oral Si Sylvia... Pas impératrice ! J'ai essayé de trouver une meilleure chute.

Philippe Poutou

« *François Hollande est satisfait de son bilan. C'est pour cela qu'il le dépose.* »
Ce qui semble avoir été sa pensée la plus cohérente et précise.

Il y en a d'autres. Ha oui, la "bande des 7"...

La Dépêche du Midi et moi

Le 27 décembre 2016 à 17:16 apparaissait sur le site Internet de *LA DEPECHE DU MIDI*, l'article « *Un Lotois se déclare candidat à l'élection présidentielle pour défendre la ruralité... en chantant !* » Avec accroche en une de leur portail.
Cela peut sembler normal : le seul quotidien du département s'intéresse à la candidature de l'écrivain indépendant...

Mais aucun de ma centaine de livres ne fut présenté par ce quotidien prétendu "indépendant"... (indépendant de qui ?)

Jacques BRIAT, historique opposant à Jean-Michel Baylet dans le Tarn-et-Garonne, finalement sorti de la scène politique par Sylvia Pinel, analysait « *Si l'information n'est pas dans* La Dépêche, *elle n'existe pas, ce sont les avantages d'un monopole.* »
Le Lot, c'est effectivement cela ! J'y vis depuis 1996. Heureusement, la nature a horreur du vide et l'hebdomadaire *La Vie Quercynoise* a réussi à trouver sa place, et contribua à ma dédiabolisation. Car nous en étions là.
De Malcom X souvenez-vous toujours : « *Si vous n'êtes pas vigilants, les médias arriveront à vous faire détester les gens opprimés et aimer ceux qui les oppriment.* »

J'ignore toujours la raison de ma baylesienne mise en quarantaine (ça dure quarante ans ?). D'ailleurs même sur twitter, il m'a bloqué ! Un homme de dialogue, quoi. Aucun de mes livres présenté depuis mon arrivé dans le Lot, en 1996 !... Je m'étais "naturellement" rendu, en 1998, rue Gambetta, à Cahors, leur présenter "*Liberté, j'ignorais tant de Toi*", mon premier roman ... dans lequel figurait un texte d'opposition à la THT, Très Haute Tension, prévue entre Golfech et Cahors... Officiellement le Président du Conseil Général du Tarn-et-Garonne se positionna contre. Ce texte pourrait-il néanmoins en être la cause ?
"*Désolé Baylet*", parodie des *Moutons* de Jacques Brel, déposée à la sacem le 23 août 2004, a certes depuis mis de l'huile sur

l'incendie régional mais il s'agissait déjà d'une conséquence, le maire de Montcuq, Daniel Maury, estampillé PRG, m'avait déjà montré mon exclusion du cercle des administrés dont les initiatives pourraient être tolérées. Il s'était pris dans les dents *la petite Marytannie* pour résumer sa mainmise cantonale. Mais il avait déjà perdu ses "grandes ambitions" (pour la première fois, la gauche était balayée quand il la représenta à la députation en 2002 et le PS en 2004 ravissait le Conseil Général, historiquement à son allié PRG, face à ce leader département... depuis décédé)

Ou simplement... si la censure du roman de 1998 relève d'une initiative individuelle, d'un pitoyable journaleux de Cahors (aucun souvenir de son nom, peut-être noté dans un de mes vieux papiers), l'hypothèse de la peur face à l'inconnu pourrait-elle expliquer leur attitude ? Déjà, j'étais "un étranger", et pour ces hommes tolérants, naturellement trois générations locales au moins et de nombreuses relations sont nécessaires pour être accepté par le clan ; avant, vous pouvez obtenir un strapontin si vous démontrez de bonnes qualités de porteur d'eau... Puis il y avait Internet. Où ma capacité à référencer le moindre de mes articles dans les premiers moteurs de recherche pouvait leur sembler inquiétante...

Si Malvy Martin, ancien journaliste de cette *Dépêche du Midi*, ose dans sa grande œuvre de 2010 « *Il y a du service public dans la presse régionale* » il me revient une phrase de Michel Polac « *la presse de province, qui est complètement soumise au pouvoir des notables et des industriels locaux.* » (*Charlie Hebdo*, 12 mars 2003). Hervé Bourges (ancien président du CSA), interrogé par Jacques Chancel (émission diffusée le 27 mars 2005), le résumait autrement : « *la presse régionale, qui est une presse indispensable, cette presse dite de proximité. Mais n'a-t-elle pas beaucoup vieilli ? N'est-elle pas une presse encore trop de connivence par rapport aux responsables politiques, économiques, sociaux, culturels, disons de la région.* »

Le 27 décembre 2016... Journée promotion... à la "base journalistes" :

« Ma candidature aux présidentielles 2017 ne suscite pas encore de grand intérêt médiatique (euphémisme) mais la tentative de contact direct avec les maires, principalement ruraux, a donné de premiers résultats, avec TROIS PROMESSES DE PARRAINAGE...

500 reste loin !

Mais voici : MA CHANSON OFFICIELLE... Je serai sûrement le seul candidat avec une chanson officielle...

50 ans après "Et moi, et moi, et moi" (eh oui de 1966 !) : l'adaptation "Candidat aux présidentielles"...

http://www.candidat.info/lachansondespresidentielles.html

Ou la vidéo : https://www.youtube.com/watch?v=pj8I7uiHTPM ...»

À 14:02 je recevais :

« Mr Stéphane Ternoise,

Journaliste à La Dépêche du Midi, je vous écris suite au mail que nous avons reçu.

Je souhaiterai faire un article concernant votre candidature aux élections présidentielles 2017 et votre chanson officielle.

Je suis joignable cet après-midi au 06 -- -- -- --.

Cordialement,

Amélie Phillipson »

J'appelais à 15:16, et convenions de son rappel une demi heure plus tard... Entretien d'une quinzaine de minutes... À 16:26, je lui envoyais deux photos avec autorisation de diffusion.
À 17:16 l'article était publié. Amélie Phillipson a simplement fait son boulot ! Et cette parution apparaît exceptionnelle !
Un journaliste ou correspondant de presse de Figeac m'affirmait au salon du livre du 10 avril 2016 « *avoir passé* » l'information sur mes sorties officielles du jour mais rien ne fut publié.
Nicolas Perrin, de l'antenne de Cahors me contactait par twitter le 23 févr. 2014 « *Bonsoir avez-vous parlé de votre livre à La*

Dépêche du Midi Cahors ? Si tel n'est pas le cas pouvez-vous m'envoyer vos bonnes feuilles à nico--------@gmail.com merci »
Mais rien...
Le 31 mars 2015, il revenait vers moi : « *Bjr, je souhaiterai confirmer une info et je viens vers vs. J'ai remarqué sur l'état civil qu'un Frédéric Dhuême est décédé.*
Savez-vs si c'est l'écrivain et candidat aux municipales ? Merci »
Je lui répondais toujours par le même canal : « *Bj Si vous aviez parlé de l'essai "Agenouillez-vous devant les enculés !" http://www.resister.org Votre question aurait pu être tolérable »*
Il m'écrivait alors un tweet remarquable « *Vs connaissez notre ligne éditoriale et qui en est à la tête. Donc remarque déplacée, je ne suis qu'un humble débutant au sein du journal »*
Puis : « *Mais sur le fond je vous comprends. Sans les insultes, un débat devrait s'installer. »*
Je concluais ce 31 mars 2015 par : « *Je vous comprends, presque ! Comme l'écrivait Daniel Carton au sujet des journalistes aussi "il faut bien bouffer"...*
Vous m'aviez contacté pour mon livre sur Cahors sans me savoir "censuré" par "le patron" Donc RDV quand vous serez dans un autre journal ? »
J'avais immédiatement appelé Frédéric... J'étais l'un des rares à posséder son "nouveau numéro de portable." Le 1er avril, nous étions sept plus cinq professionnels de l'inhumation, au cimetière nord de Cahors, pour accompagner le "SDF écrivain", comme l'avait surnommé Thierry Ardisson.
Nicolas Perrin a depuis quitté cette rédaction.

27 décembre 2016... Je filmais immédiatement cet article... Oui, je redoutais sa disparition rapide... Il était partagé plus de 300 fois... Dans la foulée... le deuxième article... sur lavenir.net, un site issu de la longue histoire du Courrier de l'Escaut, créé à Tournai en 1829, donc principalement belge :
« *Le journal régional français La Dépêche livre l'information ce matin (...) Il a 48 ans et a donc décidé, selon La Dépêche, de candidater au poste de président de la République. Ce chanteur*

compositeur entend défendre la campagne: «Si je ne suis pas candidat, il n'y aura pas de candidat pour la ruralité» a-t-il déclaré à nos confrères.

Pour être précis, on soulignera que Stéphane Ternoise avait déjà annoncé sa candidature via You Tube en octobre dernier. Mais voilà, la vidéo consacrant l'événement n'a pas vraiment le buzz en pays lotois vu qu'elle a recueilli 431 vues et 3 likes. Le candidat de Montcuq se serait-il pris un vent? Pourtant, Montcuq pourrait prétendre à envoyer un enfant du pays à l'Élysée au vu de ce clip présidentiel. »

« *Chanteur compositeur* », moi ? C'est à côté... auteur !

Pour l'instant rien de plus.

Cinq commentaires "seulement" sur le quotidien bayletonnien.

« *De Mitterrand, il a le chapeau, de Hollande il a les lunettes et le côté négligé vestimentairement parlant: sont-ce d'heureux présages?* »

Le 9280eme avis... si si c'est écrit de "*pragmatikemaipakeu*" (noté "*lecteur impliqué*"), m'a fait sourire.

Quant à "catus46" (265 commentaires), il aurait pu vomir ailleurs : « *Comme si nous n'avions pas assez d'illuminés naturel et habituel dans la campagne, il faut en rajouter un.* »

Nous en sommes là, il faut également parler de "miracle" pour un modeste article dans leur *Dépêche ! « Vs connaissez notre ligne éditoriale et qui en est à la tête. »*

Tout cela me semble bien mesquin, encore plus pour un homme prétendu de gauche, à la si longue carrière et à la tête d'une telle fortune. Faut-il vraiment qu'il ait conscience d'usurper ses pouvoirs pour rendre invisible un modeste écrivain ?

L'attitude de Gérard Miquel puis Serge Rigal, mon absence dans les 99 premiers numéros de CONTACT LOTOIS, magazine départemental payé par l'argent public, relève du même ordre.

Nous en sommes là. Faut-il vivre à genoux ?

C'est bien de la censure

Citoyen, respecte les choix éditoriaux
Si le grand quotidien ignore l'écrivain
C'est qu'il n'a pas le niveau c'est un zéro
Journalistes correspondantes de presse tous sont au parfum

C'est bien de censure
qu'il s'agit
Celui qui trop écrit
on l'a puni
Qu'il serve d'exemple
aux naïfs tentés de croire
Leurs belles déclarations
sur la liberté d'expression

Les publications départementales
Exigent l'aval des vénérables élus
Communication clientéliste banale
Nous devons flatter les p'tits barons nous sommes prévenus

C'est bien de censure
qu'il s'agit
Celui qui trop écrit
on l'a puni
Qu'il serve d'exemple
aux naïfs tentés de croire
Leurs belles déclarations
sur la liberté d'expression

La main sur le cœur et sur l'argent public
Ils se proclament du côté des libertés
Gangrènent depuis si longtemps la République
Qu'on entend répéter qu'le censuré l'a mérité

C'est bien de censure qu'il s'agit
Celui qui trop écrit on l'a puni
Qu'il serve d'exemple aux naïfs tentés de croire
Leurs belles déclarations sur la liberté d'expression

126

Je suis Anna Blume !

En 1987, Paul Auster publiait "*In the Country of Last Things*", au pays des choses dernières. Mais la traduction française fut lancée sous le titre "*Le Voyage d'Anna Blume.*" Une très mauvaise initiative. Car il s'agit bien d'un voyage au pays des choses dernières. Les lectrices et lecteurs francophones furent considérés trop primaires pour comprendre ?

Sous la forme d'une lettre dont on ignore la manière dont elle a pu sortir de cet enfer, Anna Blume raconte l'histoire de son errance sur un territoire coupé du monde, où elle a décidé de se rendre à la recherche de son frère. Dans ce « *pays des choses dernières* », il s'agit de survivre.

« *Il n'y a rien que les gens se retiennent de faire, et le plus vite tu l'auras compris, le mieux tu te porteras.* »

« *Tôt ou tard, vient un moment où l'on ne fait plus l'effort de se relever.* »

« *Tu ne peux survivre que si rien ne t'est nécessaire.* »

« *On pouvait travailler tant qu'on voulait, il n'y avait aucune possibilité de ne pas échouer.* »

La France n'est pas ce « pays des choses dernières » ! Il faut certes accepter "une certaine pauvreté" pour vivre sans s'agenouiller (ou alors posséder un immense talent prétendront peut-être de belles dents en souriant)...

Jusqu'au jour où un "expert" signera le papier nécessaire et suffisant, naturellement pour le bien d'un vilain « *connu pour son comportement marginal et son emportement à l'égard d'autrui* », et l'écrivain mâté sera placé. Il « *vivait dans des conditions d'hygiène déplorables* » (ainsi fut-il noté sur le dossier de mon oncle pour sa mise sous tutelle) ! Il se présentera toujours des "experts" pour ce genre de formalités bien rémunérées, comme il s'en trouvait pour envoyer dans un camp de rééducation ou d'extermination. Il existe également les dénonciations mensongères et calomnieuses, comme celle du 4 juillet 2016, pour laquelle le Procureur de la République du TGI de Cahors a finalement prononcé un "avis de classement".

N'ayez pas peur !

À la Cathédrale de Cahors, le nouveau Saint Jean-Paul II apparut quelques semaine près de notre lotois Perboyre, avec en exergue l'une de ses phrases emblématiques "*n'ayez pas peur.*"
Je leur ai conseillé, dans un livre "auto-censuré" par des médias : n'ayez pas peur de Baylet, Malvy, Miquel et leurs amis. C'est justement par l'information que vous démasquerez ces "hommes de gauche."

Candidat en chanson

Je n'ai pas demandé à un ami de Carla la composition d'un hymne, je me suis approprié, en le "parodiant"... non pas du Nino Ferrer... mais Jacques Dutronc... Vous retrouverez facilement le rythme dans cette approche poétique de l'œuvre...

Candidat aux présidentielles

La bande des sept candidats
Et moi, et moi, et moi
Avec mes fruits, sans pesticide
Mes chansonnettes, abonnées au bide
J'me lance sans écurie
Du Quercy, du Quercy

500 signatures de grands parrains
Pas un, pas un, pas un
Classé parmi mes copains
Pour moi remuerait la terre
Candidat solitaire
Solitaire, solitaire

Deux milles communautés de communes
Notables, notables, notables
S'verraient bien méga-maires
Finies les communes rurales
Soyons tous modernes
C'est l'progrès, c'est l'progrès

Trois cents paquets de grosses promesses
Blabla, blabla, blabla
Faut captiver ses électeurs
Par l'émotion on gagne les cœurs
Faut savoir émouvoir
Vous avoir, vous avoir

Cinquante millions d'euros dépensés
Et moi, et moi, et moi,

Qui vous demande de chanter
Pour donner de l'écho à ma voix
Je n'ai pas de millions
Bygmalion, Bygmalion

Trois cents millions de messages Twitter
Retweets, retweets, retweets
C'est la nouvelle guerre des rumeurs
Des militants derrière des claviers
Et d'autres sur les marchés
Des créneaux, des créneaux

Une douzaine d'idées républicaines
Bon sens, bon sens, bon sens
Une proclamation gaullienne
Mais je ferais perdre des voix
Au front d'la République
Cont' Marine, bien pratique

Cinquante millions de gens comme moi
Eh ouais, eh ouais, eh ouais
Qui ne comptent que pour une voix
Ils pourraient très bien, me la donner
Pas toujours pièges à cons
Élections, élections

Cinq cent billions d'extra-terrestres
Sont loin, sont loin, sont loin
Ils s'en foutent des terriens
Même que je me prenne une veste
Tout ça reste anodin
Je n'suis rien, je vais bien

Si j'avais les médias

Le 27 décembre, ma lettre aux médias seulement remarquée par Amélie Phillipson contenait "*Si j'avais les médias d'Emmanuel Macron*"... dans sa première version... Quand quelques secondes après l'avoir écrit, cette phrase me semblait correspondre à « *si j'avais le portefeuille de Manu Chao.* »
Vous connaissez les Wampas ?... Je n'en suis pas fan... D'ailleurs même de Manset ou Auster, je ne suis pas fan... Mais les apprécie... Les Wampas, leur approche de la scène m'intéresse, leur vie insoumise... aux majors, aux industriels donc, à l'oligarchie ; n'en déplaise à nos pantins auto-auréolés du label rebelle ou insoumis... oui la chanson comme la politique recèle de nombreux pantins... *Encore un pantin* chantait JJG... Ou alors il s'agit d'une de mes parodies... Bref, ce 27 l'idée d'adapter « *Si j'avais le portefeuille de Manu Chao / Je partirais en vacances au moins jusqu'au Congo / Si j'avais le compte en banque de Louise Attaque / Je partirais en vacances au moins jusqu'à Pâques...* »

Si j'avais les médias

Je vis à la campagne très très loin de Paris
Ce n'était qu'un village quand Montcuq nous a conquis
La commune nouvelle se veut l'emblème du Quercy
Après Nino Ferrer, je peux presque_ tout faire_

Si j'avais les médias d'Emmanuel Macron
Les 500 parrainages s'raient d'jà dans mon blouson
Si j'avais les émissions de François Fillon
Je penserais au second tour de ces élections
Nul ne va en causer, s'est réjouie ma députée
Quant au vieux sénateur, des soirées à téléphoner
Pas un maire du département, ne s'engagera pour toi
Z'ont tous peur de s'en prendre une sur les doigts ou même plus bas

Si j'avais les médias d'Emmanuel Macron
Les 500 parrainages s'raient d'jà dans mon blouson
Si j'avais les émissions de François Fillon
Je penserais au second tour de ces élections

Si j'avais les médias d'la Marine Le Pen
Les 500 signatures j'les obtiendrais sans peine
Si j'avais les émissions d'Jean-Luc Mélenchon
Je chercherais un nom, crédible pour Matignon
Avec l'argent public on s'frait des concerts féériques
On n'va pas claquer l'fric en Bygmalion en médiatique
Mais j'ai encore du chemin et elle est raide la pente
Pour figurer sur la liste officielle alors je chante

Si j'avais les médias d'Emmanuel Macron
Les 500 parrainages s'raient d'jà dans mon blouson
Si j'avais les émissions de François Fillon
Je penserais au second tour de ces élections
Mais même mes parodies n'passent pas à la radio
Heureusement y'a youtube pour rêver tout haut
Et je verrais bien, la bande des terriens
Reprendre ce refrain, changer la face du scrutin

Si j'avais les médias d'Emmanuel Macron
Les 500 parrainages s'raient d'jà dans mon blouson
Si j'avais les émissions de François Fillon
Je penserais au second tour de ces élections

Ça fait une en plus, et elle devrait être arrivée sur la chaîne
https://www.youtube.com/ternoise quand vous lirez cette page.

J'ai essayé

J'ai essayé. J'ai crié dans le désert. Combien d'élus, de journalistes entendront, relayeront cette voix, cette voie.
Ou alors : une vague citoyenne ?...
Tout est possible, rien n'est certain.

Un jour des "historiens de la ruralité" découvriront ma candidature ? Elle pourrait marquer "la fin de ce monde-là", quand les derniers Mohicans s'agitaient en vain, inexorablement balayés par une "autre époque".

Je n'avais pas le temps d'être candidat en 2017... Mais où en seront nos territoires en 2022 ?... C'était maintenant ou jamais...

J'ai essayé. Il est sûrement plus simplement de marmonner dans son coin en maudissant les élus et terminer une bière en gueulant "on n'y peut rien, tous les mêmes..." J'ai essayé.
Pourtant nos braves militants prompts à réclamer du changement, le départ des zozos du microcosme, à gouverner autrement, seront peut-être les premiers à dénigrer. J'ai sûrement un énorme défaut, pour eux : sans drapeau, ni dogme.

Table

Mentions légales

Tous droits de traduction, de reproduction, d'utilisation, d'interprétation et d'adaptation réservés pour tous pays, pour toutes planètes, pour tous univers.

Site officiel : http://www.ecrivain.pro

Dépôt légal à la publication au format ebook du 20 janvier 2017.

Imprimé par CreateSpace, An Amazon.com Company pour le compte de l'auteur-éditeur indépendant.
livrepapier.com
ISBN 978-2-36541-732-7
EAN 9782365417327
Candidat de la ruralité réelle aux présidentielles 2017...
Impossible ? Je le suis... de Stéphane Ternoise
© Jean-Luc PETIT - BP 17 - 46800 Montcuq en Quercy Blanc - France

www.ingramcontent.com/pod-product-compliance
Lightning Source LLC
Chambersburg PA
CBHW060503280326
41933CB00014B/2841